628.

I0039566

par Jacques Basnage
(d'après Barbier)

MF
S/ 1478

1288

4119.

DISSERTATION
HISTORIQUE
SUR LES DUELS
ET LES ORDRES
DE
CHEVALERIE
PAR MONSIEUR B.

A AMSTERDAM,
Chez PIERRE BRUNEL, fur le Dam
à la Bible d'or.

M. DCC. XX.

AVERTISSEMENT.

ON verra dans cette Differ-
tation jufqu'où les hommes
peuvent pouffer une barbare extravagance, & la forte impreffion que font les mauvais exemples fur les Efprits les plus éclairez. Les ufages autorifez par une
Nation entiere, deviennent un
torrent, lequel emporte les di-
gues, ils aneantiffent l'honneur & la gloire; on fuccombe
après quelque refiftance, & on
croit fe dedommager du tems
paffé en tombant dans des excès,
qu'on n'auroit ofé envifager. Les
Nations les plus polies entraî-

* 2   nées

nées par celles du Nord, font tombées dans ces excès, à proportion que leur imagination étoit vive. Comme les Egyptiens, ces Maîtres des Arts & des Sciences, adorans les Crocodiles, les Rats, les Chiens & les Chats, ont porté l'idolatrie plus loin que les autres Peuples. On verra ici l'amour d'un faux honneur, la colere, la haine & la vengeance, travesties en vertus, & devenir glorieuses à proportion qu'elles se remuoient avec beaucoup de violence. Il falloit étudier, ou faire de nouveaux systemes sur la fougue de ces passions, il ne s'agissoit pas de les reprimer, mais d'en diriger le cours rapide, & d'en augmenter la vivacité. Comme le Fontanier ménage le penchant du terrain pour faire couler avec plus d'impetuosité l'eau qui sort de la source. Il est bon de faire voir

aux

aux hommes ce qu'ils ont été, afin qu'ils en ayent honte, & de les empêcher de devenir ce qu'ils étoient. Ce sujet m'est étranger: occupé d'Ouvrages d'une nature differente, je devois laisser traiter le Point d'honneur à ceux qui font profession des Armes, mais il s'agit ici de l'*Histoire* qui est du reffort de tous ceux qui lisent & qui étudient.

On a dans ses lectures des vûes differentes, & lors qu'on a entamé certaines matieres, les circonstances déterminent à aprofondir l'une, pendant qu'on néglige les autres. Je n'ai pu refuser à des personnes distinguées, le détail de quelques Faits Historiques, qui piquoient leur curiosité, & sur lesquels elles avoient dirigé leurs reflexions: l'Ouvrage seroit enterré dans la poudre, où il a demeuré plusieurs années; si une autre circonstance ne l'a-

*3   voit

AVERTISSEMENT.

voit fait paroître; il n'y a pas là grand mal.

Les Italiens font ceux qui ont écrit avec plus de précifion & de fublimité fur les Duels; enchantez des fpectacles fanglans, ils ont encheri beaucoup fur les Romains, en revêtant les Joutes & les Tournois de mille agréemens qui étoient inconnus aux Anciens. Mais non contens de divertir les yeux du Peuple par ces fpectacles, ils ont autorifé la haine & la vengeance en y atachant un degré de gloire & d'honneur, qui rendoit ces combats inévitables. Les Poëtes, les Jurifconfultes & les Theologiens de ce pays-là, achevoient de gâter l'efprit, par de fauffes maximes d'honneur, dont ils faifoient un fyfteme qu'on étudioit dans les Univerfitez, avec plus d'aplication que les Loix Civiles.

Le Comte Maffei, après avoir eu

AVERTISSEMENT.

eu la patience de lire ces Auteurs & de developer la fausseté de leurs maximes, a tâché de ramener au bon sens les Braves de sa Nation, par un Traité judicieux & plein de Litterature.

Les François qui ont écrit sur cette matiere, ont pris trois partis differens. Ceux qui vivoient dans ces tems ausquels les Duels, autorisez par les Rois & par l'Eglise, decidoient du sort d'une Famille, d'une Terre & d'un Benefice, les ont raportez comme des faits trop essentiels à l'Histoire pour les passer sous silence, & en ont jugé par le succès, comme on faisoit en ce tems-là : c'est pourquoi on les trouve marquez exactement avec éloge dans tous les Ecrivains, dont Mr. du Cange a fait un catalogue, mais il faut y supléer par celui du Comte Maffei, lequel est beaucoup plus ample. Lors que la fureur de ces

*** 4***   Com-

AVERTISSEMENT.

Combats particuliers s'eſt refroi-
die, nous trouvons des Auteurs,
& nous les avons citez, qui jaloux
de la gloire de leur Nation, ont
fait une diſtinction trop ſubtile
entre les Duels anciens & les modernes. Ils ont fait l'apologie
des premiers, parce qu'autoriſez
par Dieu & le Souverain, ils
ſervoient à découvrir l'innocence
ou le crime; mais ils ont condamné les Duels modernes, parce qu'il ne s'agit que de vanger
une injure perſonnelle, ou ſatisfaire ſa paſſion. Les troiſiémes
qui ont vécu à la fin du dernier
Siecle, ont ſuivi l'eſprit du
Prince regnant, dont la ſévérité
ſur cet article, a non-ſeulement
arrêté le cours du mal, qui devenoit funeſte à la France, mais
a gueri les Gentilshommes, d'u-
ne fureur qui aprochoit de la fre-
neſie.

Mr. du Cange qui en apro-
fon-

AVERTISSEMENT.

fondiſſant une infinité d'autres matieres du Bas Age, a traité celle-ci avec cette érudition ſolide qui fait le caractere de ſes ouvrages, a donné beaucoup d'éclairciſſemens pour l'Hiſtoire que nous écrivons ; & c'eſt de lui que nous avons tiré les Reglemens de Philippe le Bel, qui ſont à la fin de ce petit Ouvrage.

Selden a cru que l'honneur de la Nation Angloiſe ſouffroit quelque fletriſſure, ſi elle avoit entré dans la ferocité des Duels avant que les Normands euſſent porté dans ſon ſein leurs armes victorieuſes, & leurs uſages. Mais nous avons prouvé deux choſes qui ſont inconteſtables : l'une, qu'il eſt inutile de chercher ſcrupuleuſement l'origine des combats particuliers, parce que la colere & la vengeance les ont rendus très-communs dans toutes les Nations, depuis le com-

men-

mencement du Monde jusqu'à
prefent. La fubtilité des décou-
vertes plus ou moins anciennes,
eft inutile, lors qu'il s'agit de
mouvemens naturels, & d'actions
communes à toutes les Nations.
Mais il faut fe reduire à chercher
dans la décadence des Siécles &
dans le Bas Age, ce qu'on apelle
la fureur des Duels, autorifée
par l'exemple des Rois, & enfuite par leurs Loix & leurs Coûtumes. En fuivant ce principe,
nous avons prouvé que les Anglois avoient autorifé les Duels
avant l'entrée & la conquête
des Normands, qui les rendirent
plus frequens & plus folemnels.

Les Peuples du Nord ont été
les premiers auteurs de ces
Combats, mais ils ont fenti dans
les derniers fiécles l'impreflion
des raifons, qui ne permettent
pas à ceux qui font de fang
froid, de hazarder leur fang &
leur

AVERTISSEMENT.

leur vie. L'ardeur martiale étant éteinte par les réflexions, on a cessé de prodiguer sa valeur, & on la reserve pour des Combats & des Batailles dans lesquelles on peut menager sa vie, lors qu'on parvient à un rang qui ne permet point qu'on fasse le coup de pistolet, & qui demande qu'on se reserve pour le commandement & pour le bien public.

La Dissertation de Mr. Slicher sur la maniere *légitime de vanger son honneur*, lors qu'il est blessé, est la derniere que le Public a vûe. Elle a été composée pour acquerir le degré de Docteur en Droit ; on la trouve chargée d'une vaste lecture, & on reconnoît aisement, que c'est un Ouvrage qui part de main de Maître.

Je cite & je fais l'éloge de ceux qui m'ont précedé ; je marche sur leurs traces lors que l'équité

quité le permet ; fi j'ai peché
en raffemblant les materiaux que
les uns & les autres m'ont fourni,
je ne prétens point me difculper
à la faveur des inftances qu'on
m'a faites, & je demande hum-
blement pardon au Public, fi je
le charge d'une lecture qui peut
lui paroître inutile, quoi que cu-
rieufe.

TABLE

TABLE

DES

CHAPITRES.

CHA-

TABLE

DES CHAPITRES.

CHA-

TABLE &c.

CHAPITRE XIV.

CHAPITRE XV.

HISTOI.

HISTOIRE
DES
DUELS,

Dans laquelle on traite de l'origine des Ordres de Chevalerie, & des Chevaliers qui en ont fait un Art & une Science.

CHAPITRE I.

Idée générale des Duels.

Eux qui ont examiné l'origine des Duels, la font remonter jusqu'aux premieres années du Monde; car ils soutiennent qu'Abel & Caïn *sortirent aux champs* pour se battre en Duel, & décider par un combat singulier une querelle née dans la maison paternelle, sur quelque jalousie de préférence. Abel succomba, parce que Caïn animé de l'esprit de vengeance, se battoit avec plus de vigueur que son Frere, dont la douceur & la conscience retenoient les coups & l'adresse. Mais si on veut relever les Duels par l'Antiquité la plus reculée, on devroit conclure que ces combats singuliers qu'on a instituez pour découvrir le crime ou l'innocence des accusez, étoient injustes, puisque l'innocent perit, & qu'Abel fut le martyr de la vengeance de son Frere. La verité est que les Hom-

A

mes

mes ont fenti dans tous les fiecles cette même paffion qui les anime encore à venger
l'injure qu'ils ont reçûë ; & le mouvement
du fang qui allume la colère & le defir de
la vengeance , eft fi rapide, qu'on eft tenté
de le regarder comme involontaire. La bi-
le s'échauffe, le cœur s'enflâme, l'efprit fe
trouble , la main fe leve, & fi elle trouve
les inftrumens propres à fatisfaire fa paffion,
elle s'en faifit & elle s'en fert avec une vivacité, & une promptitude qu'il eft difficile de
réprimer. La raifon perd en un inftant fon
empire , elle fe laiffe entrainer par la colère , elle en refpecte les faillies , &
les emportemens comme juftes , ou neceffaires. Les liens du fang & de l'amitié fe
brifent, parce que l'outrage eft fanglant à proportion que la bouche qui parle, ou la main
qui frappe font cheres; au lieu de penfer aux
fuites de l'action, qu'on va commettre, on
y attache de la valeur, de la gloire, ou
du moins une néceffité indifpenfable. On
s'eft fait des regles , & des loix d'honneur
fur la matiere qu'on a rendues fi inviolables,
qu'on aime mieux s'expofer à la mort, que de
leur donner la moindre atteinte. On attend
courageufement fon Ennemi, fi c'eft lui qui
demande la réparation d'une offenfe fouvent
imaginaire; on le recherche avec un empref-
fement qui approche de la fureur, lorfqu'on
s'en croit offenfé; on lui détache des
amis & des cartels, afin de reveiller fa valeur, fi elle eft craintive, lente, ou endor-
mie. Les cartels & les defis qu'on envoye,
font autant de monumens dont on fe fait honneur,

neur, & fur lefquels le Duellifte fonde fa reputation. Un premier fuccez anime à de nouveaux combats. On expofe plus hardiment fon fang & fa vie après un premier effai qui a réuffi. Et comme le Soldat timide devient plus courageux après avoir effuyé quelques batailles, on aime & on cherche les querelles d'honneur, lorfqu'on en eft forti avec honneur On fe croit une efpece de Heros, lors qu'on remporte fon épée teinte du fang de fon Ennemi, qu'on a laiffé expirant triftement fur la pouffiere, ou qu'on croit avoir réparé l'injure par fa mort.

Les hommes raifonnables ne contefteront point que ces emportemens qui trainent après eux la mort, la ruïne d'une famille, ou des peines honteufes, ne foient dangereux. Mais on n'a pas laiffé, & on ne laiffe pas encore, de fermer tous les jours les yeux fur les dangers auxquels on s'expofe; on n'écoute que le faux honneur; & les reproches fecrets ou publics de la moderation qu'on a habillée depuis plufieurs fiécles en lâcheté honteufe, font fouvent plus d'impreffion que les raifonnemens les plus folides. Le genre humain ne peut être corrigé que par la févérité des Souverains; & quoi qu'il foit honteux à des Chrétiens d'obeïr aux hommes preferablement à Dieu, qui condamne & punit ces fortes de meurtres avec plus de rigueur que les Dieux de la Terre, il ne laiffe pas d'être vrai qu'on fe corrige plus aifément par l'idée d'un mal préfent, que par la crainte de celui qui eft caché dans

l'avenir. Deſtituez d'autorité nous n'avons
pas la préſomption de tenter un remede tiré
du raiſonnement, & des regles de la Morale,
qui a échoué pendant un grand nombre de
ſiecles. Nous avons uniquement le deſſein
de découvrir une des plus grandes extravagances du cœur humain, en developant la
fauſſeté des maximes d'honneur, ſur leſquelles on a bâti la neceſſité des Duels; le travers qui
a paſſé dans l'eſprit des Magiſtats, des Princes
& des Rois, qui au lieu d'abolir les Duels, les
ont autoriſez par des Loix publiques & ſo-
lemnelles. Nous n'épargnerons pas la Ré-
ligion qu'on a fait entrer dans ces combats,
afin de découvrir le crime, & l'innocence
des Accuſez. Et comme les Chevaliers,
quoique d'une conſtitution differente, ſe
ſont réunis dans ce point, de faire un Art
& une Science, de ce qu'ils appelloient la
Scienza Cavalleresca, qu'ils en ont établi les
regles & les maximes dont le monde Chrétien s'eſt enyvré, nous remonterons à
l'origine de ces Chevaliers Heros Duelliſtes; & nous verrons les progrez & les
triomphes d'une Science qu'ils regardoient comme la ſource de leur gloire, quoi
qu'elle ſoit la honte du genre humain.

CHAPITRE II.

*Differentes eſpeces de Duels, ſur leſquelles
roule cette Diſſertation.*

ON peut faire remonter auſſi loin qu'on
veut l'antiquité des Duels, parce qu'il
n'y

n'y a jamais eu de temps où les hommes n'ayent aimé à fe battre par vengeanc cou par l'impetuofité du temperament. Mais nous nous difpenfons de rapporter une infinité de combats particuliers, & qui peuvent être plus ou moins anciens, pour nous attacher à une idée generale qu'on doit fe former des Duels.

Un Auteur qui a réprefenté l'ancien & le vrai ufage des Duels, les diftingue par les motifs qui peuvent les autorifer, il croit les motifs des Duels anciens innocens, au lieu que ceux des Duels modernes doivent être condamnez feverement.

Audigler de l'ancie & vrai ufa ge des Duels. Pa iis. 1717. 8.

Le premier ordre de ces combats autorifez eft celui qui fe fait par le motif du bien public, parce qu'on choififfoit un petit nombre de combattans, afin d'épargner le fang de deux Armées, lefquels décidoient par la victoire ou la mort, du fort des Rois & des Etats. Les Horaces & les Curiaces fourniffent un exemple de ces combats particuliers pour le bien public. Charlemagne, après avoir percé jufqu'au fond de l'Efpagne, effuya le fort prefque inévitable des conquêtes éloignées; car Milon fon General fut taillé en pieces par Aigueland Roi des Sarrazins, lefquels vont affieger Agen, afin de ramener en France le Conquerant de l'Efpagne. Les Armées étant fort diminuées, les deux Chefs confentirent au choix d'un nombre de combattans, entre les mains defquels le Sarrazin remit fa fortune, fes Etats, & fa Religion. Les François triompherent des Infideles, leur Roi fe fit Chré-

tien

tien , mais il deserta bien - tost après.
„ C'est là, dit-on, le plus grand & le plus il-
„ lustre sujet pour lequel les Duels ont été
„ introduits au Monde ; c'est verita-
„ blement un honneur d'être choisi entre
„ cent mille par son Prince, comme le plus
„ vaillant homme du Royaume, pour dé-
„ fendre les droits de la Couronne devant
„ lui, en présence de deux Armées: s'il
„ meurt, c'est pour le Pays, pour la Reli-
„ gion, & pour Dieu même, qui autorise
„ les justes guerres, & préside sur les ba-
„ tailles; il meurt en homme de bien, sa
„ mort est en bonne odeur à tout le mon-
„ de; la memoire de sa vertu est immortel-
„ le; son nom ne sera proferé qu'avec des
„ éloges d'autant plus honorables, qu'ils
„ sortiront des bouches les plus ennemies;
„ & s'il sort Victorieux, qu'y a-t'il de pareil
„ au Monde? le Roi ne doit pas moins que
„ son Etat à son épée, & le Pays sa liber-
„ té. Comme il a combattu seul, il est jus-
„ te qu'il triomphe seul.

Le second ordre de Duels autorisez à
ce qu'on prétend, regarde la preuve des crimes qu'on ne pouvoit découvrir par les regles de la Justice. Mais au lieu de se faire
des appels on s'adressoit au Souverain, on
introduisoit les combattans entre quatre bar-
rieres, & après que le Héros d'Armes avoit
crié, *laissez aller les bons combattans*, on en attendoit les suites.

On croioit aussi qu'il y avoit entre les
Chevaliers, des outrages qui devoient être la-
vez dans le sang de celui qui les avoit faits.
Mais

Mais il falloit préfenter auparavant fon gage de bataille au Roi, afin d'obtenir fa permiffion, qu'on refufoit rarement.

On fe battoit auffi, afin d'acquerir la réputation de brave. Ces combats fe faifoient fouvent entre les Chevaliers de deux Nations, qui fe piquoient d'une égale valeur. C'eft-pourquoi il y avoit une ville ordonnée entre Saint-Jacques-vert & Calais, où les Anglois & les François fe battoient fouvent avec plus d'emportement & de témérité que de raifon.

Sous pretexte de faire juftice aux opprimez on attaquoit les oppreffeurs, & cette idée à laquelle les Chevaliers attachoient un haut dégré de gloire, parce qu'ils fe regardoient alors, comme les défenfeurs de l'Innocence, de la Religion, & de la Vertu, a produit un nombre infini de faits d'armes.

Enfin l'amour entroit dans ces fpectacles fanglans ; & c'étoit, afin de leur donner plus d'éclat & de relief, ou d'animer plus vivement ceux qui manquoient naturellement de courage, à lier plus fouvent de femblables combats, qu'on a fait un fyfteme affreux de fauffes maximes d'honneur, qui ont coûté la vie aux braves, comme aux lâches. Nous allons examiner ces maximes d'honneur fur lefquelles on a cru que ces differens ordres de Duels font autorifez.

A 4 CHA-

CHAPITRE III.

Maximes du faux honneur, sur lesquelles on a fondé la nécessité & l'impor-tance des Duels.

SI les hommes possedoient une vertu écla-tante qui emportât toujours les éloges , l'estime, & la veneration du Public, & dont la gloire ne pût être ternie, on s'éleveroit facilement au dessus des outrages & des attentats de ses Ennemis. Mais par malheur nos vertus sont équivoques, & les hommes peu sûrs de les posseder, sont obligez de man-dier les suffrages du Public. Celui qui les refuse nous paroît injuste. On a des defauts qui sont autant d'endroits foibles par lesquels on peut aisément nous percer, & les playes qu'on nous fait, excitent des cris & des plain-tes, à proportion qu'elles penetrent jusqu'au fond du cœur. On a souvent des qualitez imaginaires dont on n'est pas moins jaloux que si elles étoient réelles , & on hait celui qui tire le rideau, qui perce au travers du voi-le, & qui en découvre le faux éclat. S'il détrompe le Public du préjugé avantageux qu'il avoit pour nous, on ne peut le lui par-donner. Les Nobles vantent leur naissance quoi-qu'incertaine, ils comptent souvent des Héros chimeriques au rang de leurs Ancêtres; cependant on ne peut souffrir la moindre contradiction sur cet article. On croit ven-ger ses Peres, montrer que leur sang cou-

le

le veritablement dans les veines, & que la jalousie qu'on sent, est une preuve qui doit écarter tous les doutes que la medisance peut avoir formez. On devroit regarder les dignitez & les thrésors, comme autant de caprices de cette Fortune qu'on appelle si souvent aveugle, inconstante, & volage, ou plutôt comme les effets d'une sage Providence qui distribue ses faveurs comme bon lui semble. Cependant on en fait dépendre son honneur & sa fierté. On dispute le rang, on ne peut pardonner à celui qui l'emporte sur nous. Il faut s'ôter un Rival qui a plus de mérite & de bonheur que nous. Je le repete, si les hommes avoient une vertu solide, ils seroient infiniment moins sensibles aux outrages qu'on leur fait, & aux coups qu'on leur porte, sur des choses aussi étrangeres que la naissance, les dignitez, & les richesses ; & lors même que la vertu seroit opprimée on s'enveloperoit comme le Sage, de sa propre innocence, à l'ombre de laquelle on est à couvert de tous les traits de l'injustice & de la calomnie.

Mais l'homme a trop d'amour propre, il veut qu'on respecte tout ce qui l'aproche, & en n'ose condamner ce qu'il aime, quoiqu'il ne soit pas aimable, ni toucher à ses défauts lors même qu'ils méritent les censures les plus âpres. Sa fierté ne souffre point qu'on l'aborde sans ménagement. Elle se souleve avec impetuosité contre les moindres attaques, & souvent contre de simples soupçons ; on court à la vengeance ; on s'arme pour l'assouvir, & souvent on perd la vie

pour

pour fatisfaire une paffion criminelle, ou fe
repaître d'une chimere. Mais ce qui a fait le
plus de mal dans le monde, eft la fauffe gloire
& le faux honneur qu'on a attaché à la fureur
& à la vengeance, afin d'en voiler la difformi-
té, & enfuite on s'eft fait des fyftêmes, des
principes & des maximes de ce faux honneur,
qui ont achevé de corrompre le cœur & l'efprit, en animant la jeuneffe, déja trop impe-
tueufe, aux combats & aux Duels dont nous
parlons. Il eft important de developper quelques unes de ces maximes corrompuës dont
on a infecté les efprits, & qu'on a tant de
peine à déraciner, parce qu'on en a reçu
les leçons dès fes plus tendres années.

I. La premiere maxime avancée par les
grands Maîtres de la Chevalerie, porte, que
l'honneur eft le plus precieux de tous les
biens, & qu'on ne doit jamais pardonner à
celui qui veut l'enlever ou le flêtrir, *& foit*
qu'il s'agiffe de le défendre ou de l'acquerir, il
faut facrifier fes biens, on doit le mettre dans
la balance avec la vie même, il faut l'efti-
mer plus que fa propre vie. Ni l'interêt de
la Patrie, ni la loi des Souverains, ni le dé-
fir de conferver fa vie, non plus que celui
d'acquerir de grands threfors, ne doivent ja-
mais l'emporter fur l'honneur & fur la necef-
fité de le défendre. Il eft aifé de voir où ces
maximes conduifent la jeuneffe, lorfqu'elle
en eft imbue.

Quoi-qu'il y ait dans cette maxime quelque vérité, elle ne laiffe pas d'être équivoque, outrée & dangereufe. En effet il faut
dif-

Maffei
cienza
Cavalercef-

diftinguer le véritable honneur auquel on doit tout facrifier, des fauffes idées qu'on y attache.

Le veritable honneur confifte à remplir parfaitement fes devoirs, foit que Dieu ou les hommes nous les ayent impofez pour le bien de la Societé. Si le cœur rend temoignage qu'on travaille conftamment au bien public, on doit être tranquille, content, élevé au deffus dela cenfure d'un ennemi jaloux ou d'un calomniateur; & fi on fe reproche d'avoir eu de la foibleffe, & violé les Loix qui font la regle de notre devoir, on doit profiter de la cenfure, au lieu de s'en irriter fous prétexte que celui qui la repand dans le Public, n'a pas le droit ni l'autorité de le faire.

Savaro contre le Duels. Ch 42. Choppi de Domi nio.

On a agité cette queftion dans les fiecles Duelliftes: fi un Magiftrat qui a prononcé une fentence fur le Tribunal *co
ntre l'honneur de l'accufé*, en eft refponfable à celui qu'il a condamné, & doit fe battre contre lui en vertu d'un apel : Et on décidoit en ce temps-là, qu'à l'exception des fils de Roi, les Juges étoient obligez de recevoir le gage de bataille fi on le leur préfentoit. On autorifoit la partie condamnée à prouver la fauffeté de la fentence, ou la corruption du Juge, par le Duel. La Beraudiere foutient auffi qu'un foldat offenfé dans fon honneur, peut appeller fon Capitaine en Duel à la tête d'une Compagnie, & *ne peut le Capitaine s'en plaindre pour cela, encore qu'il marche enfeigne déploiée.* Il fe fonde fur ce principe de la Chevalerie, que les hommes qui font dignes de *porter ce nom,*

Le Beraudiere, du Combat feul à feul. Partie II. Ch. VII. 16.

doi-

doivent préferer l'honneur, non seulement à la santé, mais à la vie, & leur défense à celle de la Patrie. Mais malgré ces décisions & divers exemples qu'on trouve dans l'Histoire de France qui les autorisent, cette pratique a non seulement cessé, mais seroit condamnée severement. Le General n'est point responsable de ses démarches, ni de ses projets aux Officiers subalternes, qui jaloux du poste qu'il occupe, & du commandement qu'ils voudroient avoir, ne manqueroient pas de faire leurs efforts, afin de l'exposer au peril d'un combat singulier souvent plus dangereux qu'une bataille. Le General doit écouter les avis de ses Officiers, en profiter s'ils sont justes, & ne se compromettre jamais avec eux. La subordination necessaire dans les Troupes, ne permet pas au Soldat d'appeller son Capitaine, quoi-qu'il l'ait fait quelquefois ; & le Magistrat qui remplit son devoir, doit écouter sans impatience, les plaintes de ceux qu'il a condamnez, & ne descendre jamais de son Tribunal pour satisfaire un homme que l'interêt & la vengeance animent. Il doit être comme le rocher inebranlable aux flots de la Mer agitée, & ne se laisser pas entrainer par l'impetuosité des vents. Sa vertu suffit pour lui inspirer cette fermeté ; & le témoignage de sa conscience le doit garantir de toutes les inquietudes qu'on tâche de lui causer en l'outrageant. Le veritable honneur consiste à remplir son devoir, & à maintenir la justice & l'autorité independamment des murmures, des plaintes & de la violence.

II.

II. La *reputation* fait un second degré de point d'honneur auquel on doit être sensible, & une ame paroît mériter la gloire, à proportion qu'elle est délicate sur la matiere. Enfin ce n'est point assez que d'être vertueux, disent les Docteurs de la Chevalerie, *il faut le paroître aux yeux des hommes*; & on conclud de là, que tous ceux qui tâchent de faire *disparoître* ou ternir la gloire qu'on a méritée par sa vertu, meritent qu'on leur en fasse porter la peine.

Je sçai que l'ambition qui court après la gloire est la passion de ces Ames qu'on appelle grandes & nobles. Mais il y a une gloire qui naît du sein de la vertu, & qui la suit comme l'ombre fait le corps, pour parler avec les anciens Philosophes. Il y a une reputation qui sort du sein d'un grand nombre d'actions éclatantes, & qui est soutenue par un accomplissement exact de ses devoirs, tant dans la Religion que pour la Société. Cette reputation & cette gloire ne dependent ni de la medisance, ni de la calomnie de ceux qui veulent l'effacer. Appuyée sur un fondement solide, elle ne peut être ébranlée par les coups differens qu'on lui porte. C'est pourquoi les Heros & les Martyrs de l'Antiquité n'ont pas laissé de briller au milieu des ennemis dont ils paroissoient accablez, & leur nom de passer avec éclat jusques à la posterité la plus éloignée.

D'ailleurs il y a de la petitesse d'esprit dans ces Ames qu'on appelle grandes & nobles, si elles exigent que tous les hommes rendent la même justice au mérite qu'on possede. Il est

eſt impoſſible que tous les hommes ayent les
mêmes ſentimens, & les mêmes idées, puiſ-
qu'ils ſe diviſent ſur les objets les plus ſenſibles & les plus évidens. L'un ne juge d'u-
ne action que par les circonſtances, au lieu
d'en penetrer le fond & les motifs qui ſont
infiniment diferens de ce qui paroît au
dehors. Les autres ne jugent d'un homme que
par les defauts & les fautes qui ſont inévitables. Le jugement eſt en même temps
équitable & injuſte, équitable, parce que les
fautes ſont réelles, & injuſte, parce qu'on ne
met pas dans la balance la vertu avec les defauts. Mais on doit toûjours ſentir ce qu'il
y a de veritable contre nous, & laiſſer au
Public le ſoin de venger le mépris par les é-
loges qu'il nous donne. Combien de gens
décrient en public ce qu'ils admirent en ſe-
cret, malgré la jalouſie qui les ronge. Enfin les Payens ont dit ſouvent, que l'ambition,
quoique placée ſur les autels, ne devoit point
être adorée comme une vertu, qu'elle faiſoit
l'idole plutôt que la divinité des hommes,
que l'amour des louanges changeoit la nature des actions, & les rendoit moins he-
roïques; & que les deſirs qu'on laiſſoit écha-
per pour elles, marquoient la petiteſſe de l'eſprit & du cœur. Seneque ajoutoit, qu'il falloit perdre la réputation d'honnête homme
pour en conſerver la réalité, parce que la
vertu eſt plus précieuſe que les louanges
qu'on lui donne. Ce Philoſophe étoit bien
éloigné de vouloir ſe vanger de ceux qui
terniſſoient ſa gloire, ou qui lui refuſoient
les éloges qu'il croioit meriter, du moins il le
diſoit ſagement.   III.

III. De quelque maniere qu'on envisage la Noblesse dont on se fait un point d'honneur, elle allarme jusqu'aux Souverains, & les autres croient rendre leur famille illustre, & maintenir l'antiquité de leur nom dans le moment qu'ils vont l'aneantir éternellement. Mais on se trompe si on croit ajouter un degré de gloire à ses Ancêtres par le sang qu'on perd, ou par des combats qu'on livre pour des cadavres & des cendres insensibles.

Je ne conteste point aux Chevaliers & aux Nobles le rang de leur antiquité,

La Noblesse , Dangeau , n'est pas une chimere,

Et comme on respecte ces anciens troncs qu'on regarde comme les Rois de la forêt, quoi qu'après cent ou deux cens ans, ils n'ayent plus de force, & qu'ils ne jettent que de foibles rejettons, on estime d'anciennes familles, parce qu'elles ont été fécondes en Heros, quoi qu'elles dégenerent souvent en Pygmées, & qu'elles n'ayent point d'autre relief qu'un arbre genealogique, dont les branches sont plus ou moins étenduës.

Il seroit ridicule de contester à l'ancienne Noblesse son rang & ses prérogatives, mais il faut avouer qu'on les outre beaucoup. Un Favori ne manque jamais de Genealogistes qui ont l'art de former en peu de jours un arbre avec des branches dont l'ombre couvriroit plusieurs Royaumes. On va mandier chez les Etrangers des noms & des armes que la Patrie ne fournit pas. La Batardise n'empêche plus qu'on ne devienne Prince du Sang. La Beraudiere soutient
qu'un

qu'un Gentilhomme n'eſt pas obligé de recevoir l'appel d'un Roturier. Mais ce Roturier riche & brave, indigné du mépris d'un
Gentilhomme ancien ou nouveau, ſoutient
que le point d'honneur doit être égal en tous
lieux & dans toutes les familles, qu'un Pa-
tricien de la vieille Roche vaut bien un Noble de fraîche date ; & ce nouveau Noble
croira à ſon tour, qu'il vaut bien les anciens,
parce que ce n'eſt pas la naiſſance , mais une
diſtinction honorable qui doit mettre quelque
différence entre les hommes. Il eſt difficile,
pour ne pas dire impoſſible, qu'on conſerve la
pureté du ſang dans cette longueſuite de ge-
nerations dont on ſe fait honneur , &
tel Prince ſe croit ſorti d'une tige ancienne, qui eſt fils d'un Page, avec lequel
une Princeſſe ſe conſole de la foibleſſe, que
cauſe pendant pluſieurs mois une playe mor-
telle. Quelle chimere que celle qu'on tire
de la naiſſance & du rang qu'elle donne,
lorſqu'on la porte juſques à perdre la vie, &
juſqu'à l'extinction d'une famille , dont on
vante mal-à-propos l'antiquité , lors qu'on ne
l'aime pas aſſez pour la conſerver, ou qu'on la
ſacrifie, pour terminer un point d'honneur!

IV. Les outrages & les injures ſont l'effet de la colère, & la patience celui de la
vertu. Les Ames y ſont moins ſenſibles à
proportion qu'elles ſont nobles & grandes.
Elles s'élevent plus aiſément au deſſus de la
calomnie à proportion qu'elles ont un merite ſolide ; & ce ſont les eſprits foibles & petits qui ſe livrent aux mouvemens de la vengeance.

Quiz-

Quippe minuti
Semper & infirmi est animi exiguique voluptas
Continuo sic collige quod vindicta
Nemo magis gaudet quam fœmina.

Juvenalis
Sat. XIII.

Cependant, les Chevaliers Duellistes
soutiennent que l'honneur se perd par les
injures ; *che la contumelia spuglia gli buo-*
mini del onore, della gloria e della fama, &
que de tous les *ennemis* qui font la guerre
à l'homme & qui troublent son bonheur,
il n'y en a point de plus redoutable que
les *injures* : non seulement on perd l'honneur, mais on perd la vertu même, parce qu'il n'est pas vraisemblable qu'un
homme meprisé soit vertueux. *Non è cre-*
dibile che sia virtuoso l'uomo chi è disprezza-
to. Les outrages supposent un défaut,
qui non seulement les attire, mais qui
les merite. On manque de valeur lors
qu'on n'en tire pas raison, & il est impossible d'avoir de la vertu sans valeur.
Enfin la vengeance lave les taches & effa-
ce les deffauts, *col risentimento si lavano*
nostre macchie, & sembra che si coprano le
nostre colpe.

Ces Ma-
ximes sont
tirées des
Auteurs
de *la Scien-*
za Caval-
leresca.
Voyez
Maffei,
L. I. c. III.
p. 40.

V. La derniere de ces maximes est évidemment fausse, car le ressentiment n'a
point d'influence sur les actions passées,
bonnes ou mauvaises. L'honnête homme
doit être patient & mépriser l'ennemi qui
lui reproche une faute imaginaire, & le
coupable peut sentir une atteinte violente,
parce que son crime est devenu public.

B   Mais

Mais comme le Criminel ne repare point son honneur par l'impetuosité de sa colere, parce qu'elle peut naître des reproches de sa conscience ; l'honnête homme ne perd point sa réputation par une douceur que produit une conscience pure & nette. Le jugement des assistans qui décident, qu'on a merité l'outrage qu'on souffre patiemment, est téméraire ; car on peut avoir fait la faute & tuer celui qui la découvre. D'ailleurs, la mort d'un ennemi ne rend ni le meurtrier vertueux, ni innocent ; la perte de notre propre vie nous prive de tout, & ne nous justifie point devant le Public ; de quoi sert même une pareille apologie à ce cadavre couvert de sang, & arrosé des larmes d'une famille, dont il auroit pu être l'honneur & l'apui & dont il devient la honte & la ruine ?

VI. On dit que la Morale Chrétienne, qui ordonne le pardon des injures, paroit trop sevére ; mais les Philosophes & les Jurisconsultes Payens ont tracé le chemin aux Chrétiens, & on a remarqué judicieusement cette différence entre les Loix Lombardes & les Romaines ; que les dernieres n'ordonnoient aucune action contre les injures, au lieu que les autres autorisoient la vengeance. On peut même remarquer ici la réunion des Stoïciens avec les Epicuriens ; quelques differentes que soient les idées qu'on se fait de ces deux Sectes, elles s'accordent sur ce point: Si Zenon &

ſes Diſciples élevoient leur Sage au deſſus des injures, Epicure diſoit, que les
outrages naiſſoient de la colere & de la
jalouſie, mais que le Sage les mépriſoit,
par un effet de ſa raiſon. Enfin le Divin
Platon ſoutenoit, qu'on ne devoit ſe vanger pour aucune eſpece d'injure.

VII. C'eſt encore une maxime évidemment fauſſe, que *la ſatisfaction repa-*
re l'injure, & que c'eſt un antidote qui
rend la vie à la réputation, quoi que
mortellement bleſſée, *è un antidoto vita-* Apud
le per riſanar la reputazione, ancor che mor- Moffei.
talmente inferma. En effet, les Duel- L. I. c. 7.
liſtes, après s'être repus long-tems de cette chimere, en ont enfin connu la vani-
té, & ont été contraints d'avouer, que
la ſatisfaction deshonore preſque égal-
ement celui qui la fait, & celui qui la reçoit, & ſelon les maximes mondaines, elle
en perd deux au lieu d'un. C'eſt donner
trop d'autorité à ſon ennemi, que de le
rendre maître des ſentimens du public, &
de croire qu'il peut les faire changer en
ſuivant ſon caprice, plutôt que la juſtice &
la raiſon. D'ailleurs, la reparation qu'on
lui arrache avec violence, & qu'on tire
avec le ſang, ne fait pas changer de ſenti-
ment à cet ennemi, & à plus forte raiſon ne change-t'elle pas ceux du public :
c'eſt l'eſperance d'une ſatisfaction, &
l'envie d'enſevelir dans certaines marques
de repentance & d'honneur, le mépris
qu'on a reçu, qui anime la plupart des

hom-

hommes aux combats finguliers: cependant, ce qui eft involontaire, contraint, & qu'on n'arrache que par la violence, ne peut être regardé comme une véritable marque d'honneur. Enfin la victoire dans ces combats peut donner quelque reputation de courage & de valeur; mais elle n'a aucune influence fur le défaut ou l'action qu'on a reprochée; on peut être brave & médifant, fatirique & violent, perfide &c. Socrate difoit que Melitus & Anitus pouvoient le condamner à la mort & lui ôter la vie, mais qu'ils ne pouvoient ni l'offenfer ni le bleffer. Cette maxime étoit véritable; car les Juges de Socrate ne lui ont pas ôté le droit qu'il s'étoit aquis à l'immortalité, il vit glorieufement malgré l'Arrêt de mort qu'ils ont prononcé contre lui. Mais les Maîtres de la Chevalerie le nient, & foutiennent au contraire, que la playe ne laiffe pas d'être profonde, quoi que ce foit une bête farouche qui la fait, & qu'il faut prevenir de femblables playes, par la mort de l'animal; & au lieu de pardonner les outrages, lors que la brutalité de celui qui les prononce eft connue, on doit les fentir vivement & les repouffer.] On avoue que la fentence injufte] du Juge qui condam ne à un fuplice honteux, ne ternit pas l'innocent, & n'empêche pas que la pofterité la plus éloignée ne lui rende de grands hommages. Cependant, il eft dur de fubir la mort qu'on n'a pas meri-

Janus Slicher, Differtatio Juridica de debità ac legitima vindicatione exiftimationis. Ubi & de Duellis. Amft. 12. 1717. c. III. p. 14. &c.

meritée; il est permis de défendre la
vie lors qu'on l'attaque; & si on ne peut
résister au Souverain, il faut du moins
repousser les injures & les coups qu'on
reçoit de la main des particuliers. Il
faut rectifier ces principes qui autorisent trop la vengeance, en disant, qu'on
doit avoir recours aux Juges, de peur
que le crime ne devienne insolent par l'im-
punité, & qu'il est permis de demander
satisfaction de la violence qu'on souffre,
quoi qu'il ne le soit pas de se la faire soi-
même. En effet, il y a des Juges & des
Loix dont on peut implorer la séverité,
on évite par là la honte de la vengeance,
les perils auxquels on est exposé par des
combats particuliers, & la peine qu'elles
imposent au coupable le perd d'honneur,
plutôt que celle qu'on inflige soi-même.

VIII. La *valeur* est l'idole à laquelle
les Chevaliers Duellistes ont si souvent
sacrifié le repos & la vie; ils croyent
qu'il est honteux de manquer de courage; celui qui n'en a pas assez pour vouloir répandre son sang à toute heure, devient incapable des Emplois, mêmes pa-
cifiques, & indigne de l'estime des hommes. De là sont venus ces désirs frequens,
de faire assaut avec ceux qui avoient la
reputation d'être braves. De là sont nées
ces délicatesses & ces points d'honneur,
qui ont rempli le monde de querelles ri-
dicules & d'hommes sanguinaires : comme les Heros combattans à la tête des

Armées, se sont acquis l'immortalité; on se faisoit de ces combats particuliers, autant de victoires & de triomphes, sur lesquels on établissoit sa réputation & sa gloire:

Horat.
Liv.l. Sat.
7.

Ut ultima divideret mors:
Non aliam ob causam nisi quod virtus in utro-
que
Summa fuit.

Mais c'est un égarement cruel de l'esprit humain, que de faire consister le merite à tuer des hommes, à chercher les occasions de le faire, & à trouver de la gloire en exposant sa vie sans nécessité, lors même qu'on doit la regarder comme l'unique bien qu'on possede, puis-qu'on ne peut rien esperer, & qu'on doit tout craindre de l'avenir. Cependant, c'est sur ce principe barbare qu'on a fondé les Duels; on a poussé l'entêtement jusqu'à le défendre & à répondre à toutes les objections que la raison dicte, & on peut voir dans *Mutio Justinopolitano*, quatre Livres entiers de ces *Risposta*, que les Chevaliers Duellistes font à toutes les difficultez qu'on leur propose contre leur principe favori; quoi qu'il soit évidemment faux, comme nous le verrons dans la suite.

Voyez
Mutio
Justino.
politano
del Duel-
lo. Ris-
poste alle
objectio-
ni. L. IV.

IX. Enfin, les anciens Duellistes bâtissoient sur le principe, que la Divinité présidoit immediatement sur ces combats singuliers, & qu'elle se déclaroit toûjours en en faveur de l'innocent contre le coupable. C'est pourquoi on alloit dans l'Eglise faire ses prieres, & se confesser avant que de se battre : on ne doutoit pas que celui qui avoit fui, qui étoit mort ou blessé, ne fût coupable, & même on recitoit un grand nombre de Miracles que la Providence faisoit, afin d'empêcher l'Innocent de succomber sous la force & sous l'épée de son Accusateur. C'est ainsi que Dieu précipita l'ennemi de Saint Austragisille, Evêque de Tours, qui avoit reçu le gage de bataille, pour se battre contre lui; car comme il couroit à l'huis de la Bastille, il chut de son cheval & eut le col percé, dont *moult fut lié le Roi, dont se tournant vers Austragisille, lui dit, beaux Amis soyez joyeux, car notre Seigneur est ton Champion, & ton ennemi ne te peut nuire*; & cela étoit arrivé, parce que Saint Austragisille, en faisant porter ses armes au Champ de la Bataille, étoit allé faire ses Oraisons au Moustier Saint Marcel, & autres Eglises; il avoit même donné son aumône à un pauvre, & prié le Seigneur qu'il le conseillât, & le fruit de cette sainte Oraison ne perit pas.

Historia Sancti Austragisili, & Savaron Traité contre les Duels. P. 12. & 23. 80. 1610.

X. Il n'y a rien qui soit plus propre à gâter l'esprit des hommes, que de faire intervenir Dieu dans leur conduite, lors même qu'elle est contraire à ses Loix. Je pardonne aux Chevaliers entêtez du point d'honneur, & du desir d'une vaine gloi-

re,

ro, de la faire confifter dans le nombre des combats, & d'en changer la nature en leur donnant le titre de belles actions: mais on ne peut juftifier ceux qui avoient un fi grand intérêt à déraciner cet ufage, de l'avoir autorifé par la Religion même; d'avoir foutenu que c'étoit un moyen fûr de connoître la volonté fecrete de Dieu, & qu'il la reveloit par l'épée, le fang & la mort des combattans. Cependant, les Moines, les Prêtres, les Évêques, ceux même qu'on regarde comme des Saints, & les Hiftoriens après leur mort, fe font fait un honneur de répandre ces miracles fabuleux & honteux à la Religion. Le tems a gueri les hommes de cette extravagance, & les hommes revenus au bon fens qui les avoit abandonnez, ont connu que ce moyen de découvrir le coupable & le crime, étoit incertain & dangereux, contraire aux idées du Chriftianifme: mais on ne peut nier qu'il n'ait été regardé comme veritable pendant un grand nombre de fiécles, comme nous le verrons dans la fuite. Il fufit 'd'indiquer ici les maximes que les Chevaliers adoptoient.

CHA-

CHAPITRE IV.

De l'Origine des Duels, autorisez & frequens dans un grand nombre de Nations.

APrès avoir developé les Maximes sur lesquelles on établit l'usage & la nécessité des Duels, il faut entrer plus avant dans leur Histoire.

I. Quoi que les exemples des Rois & des Heros, qui ont offert de se battre, ou qui se sont battus seuls à la vûe des Armées, afin d'épargner le sang des Sujets, paroissent autorisez par celui de Goliath & de David; cependant ils ont été rares, & on a mieux aimé faire dépendre le sort des Royaumes de celui des Batailles, que d'un combat particulier.

Les Peuples ont cru que leur interêt ne permettoit pas qu'on exposât légerement la personne d'un Roi, parce que la perte entiere de l'Etat en dépendoit, & la plûpart des Rois se sont accommodez d'une précaution qui faisoit courir le péril aux autres, pendant qu'ils dormoient tranquillement dans leur Palais. On pourroit regarder ces combats singuliers comme des Duels publics; mais les Critiques exacts ne veulent pas qu'on les confonde avec ceux dont nous parlons, & qu'on tire de là leur origine, parce qu'il y a de la difference entre les interêts publics & les démêlez des Par-

ticu-

ticuliers. Les Preux de David étoient des
efpèces de Chevaliers, toujours armez &
toûjours prêts à s'expofer à une mort
prefque certaine pour le fervice du Prince & le bien de l'Etat : mais on ne peut
pas les mettre en parallele avec ceux des
derniers fiécles. La politeffe qui regnoit
chez les Grecs & les Romains, n'anéan-
tiffoit point parfaitement les querelles
entre les hommes ; il étoit impoffible que
des gens d'un temperament ardent & vif,
ne vengeaffent par des combats particuliers les outrages qu'ils recevoient, &
qu'on gardât affez de tranquilité jufques
dans les bouillons de la colere, pour
avoir recours à la féverité des Loix, &
attendre patiemment la condamnation du
Coupable. Les hommes ont toûjours été
faits comme ils font, il y a eu dans tous
les fiécles des braves turbulens, impatiens, fujets à fe quereller, ardens à la
vengeance ; & il eft impoffible de croire que ces hommes fougeux & vindica-
tifs ne fe batiffent fouvent les uns contre les autres. Les Hiftoriens ne parlent
jamais de ces combats particuliers, au
lieu que ceux qui ont vécu depuis l'é-
tabliffement des Duels, en ont fait fouvent mention ; mais il ne faut pas outrer le filence des anciens Hiftoriens qui
ne font pas entrez dans de fi grands détails, ni conclure de là que les hommes
infenfibles aux injures, ou trop fages pour
en chercher la reparation dans le fang
de

de leur ennemi, ne l'ont jamais fait. C'est
mal connoître le cœur humain, que de
croire que les hommes d'un même temperament que ceux des derniers siécles,
ne se soient jamais battus l'un contre
l'autre après avoir été offensez, & tout
ce qu'on peut dire est, que les combats
singuliers n'étoient pas autorisez par les
Loix, ni aussi ordinaires qu'ils l'ont été
depuis; on les regardoit plûtôt comme
des rencontres que comme des Duels:
il y avoit de la ferocité jusques dans les
divertissemens & dans la dévotion des
Anciens. Ces Jeux si fameux dans la Gre-
ce, où l'on distribuoit des couronnes,
étoient presque toûjours sanglans. Les
Heros croyoient devoir aux Manes de
leurs Peres, un sacrifice d'hommes qui
s'immoloient sur leur tombeau, & qui
ne pouvoient attendre qu'une branche de
Laurier ou une Palme pour recompense.

II. Il n'est pas besoin de remonter aux
tems fabuleux des Achilles & des Enées,
pour trouver ces tombeaux couverts de
sang, & une foule d'hommes armez,
combattans pour des feuilles. Les Romains & les Grecs avoient conservé cet
usage; & quoi que les Chevaliers Romains eussent honte de devenir Gladiateurs, & que ce mêtier honteux fût reservé au Peuple, aux Esclaves & aux
Criminels, cependant il y avoit un grand
nombre de circonstances où les personnes libres qui se piquoient de valeur, en-
troient

troient en lice , & s'expofoient comme
les autres aux hazards de ces combats
finguliers.

rgil.
n. V.

> *Qui viribus audax*
> *Seu crudo fidit pugnam committere ceftu*
> *Cuncti adfint meritaque expectent præmia*
> *Palma.*

Si on ne veut pas croire un Poëte, on
peut voir ce qui fe paffa aux combats
mortuaires que Scipion fit à Carthage
pour honorer la memoire de fon Oncle
v. Dec.
.l. V.
& de fon Pere ; car Tite-Live raporte,
qu'on ne fe contenta pas d'affembler, felon l'ufage, un nombre de Gladiateurs
efclaves, ou afranchis, qui vendoient
leur fang : ,, Mais on vit paroître plu-
,, fieurs perfonnes qui vouloient fe diftin-
,, guer, en donnant des marques publi-
,, ques de valeur ; les uns croyoient fai-
,, re leur Cour au Géneral en combat-
,, tant, & les autres piquez d'émulation
,, offroient le combat, ou n'ofoient le
,, refufer ''.   Si la mort n'étoit pas
toûjours une fuite de ces combats particuliers, comme elle ne l'étoit pas toujours dans les Joutes & dans les Duels ;
le peril ne laiffoit pas d'être grand, le fable rougiffoit fouvent du fang des Combattans, le Vaincu meurtri de coups ,
traînoit une vie qu'on ne lui avoit laiffée
que lors qu'il étoit prêt à rendre le dernier foupir, & la mort étoit fi ordinaire
qu'on

qu'on fut obligé de faire des Loix, afin
d'empêcher la Justice de rechercher les
Meurtriers; elles étoient connues chez
les Grecs, puisque Platon en parle, &
Ulpien raporte celle des anciens Romains, laquelle portoit, que si le Gladiateur tuoit son Antagoniste dans les
combats publics, on n'avoit aucun droit
contre lui, en vertu de la Loi *Aquilia*,
parce qu'il n'avoit pas ôté la vie par cole-
re, ni pour vanger un outrage, mais afin
d'acquerir de la gloire & de faire voir son
courage; & de là vient aussi que Stace
parlant d'Alcidamus & de Capane, com-
pare la valeur qu'on témoigne dans ces
combats, à celle qu'on a dans les batailles, où les Combatans se laissent emporter à la chaleur & à la violence.

Nunc opus est animis infestos tollere cestus
Comminus hæc bellis & ferro proxima virtus.

Plato d
Legib.
VII.

Stat.
Theb.

III. Nous n'avons pas fait cette remarque, afin de flétrir la gloire des anciens Peuples, qui se distinguoient par
la délicatesse de l'esprit, & la politesse
des mœurs, ni de les mettre en parallele avec les Lombards, & les Nations qui
ont aporté leur ferocité dans les lieux
qu'ils ont ravagez. Mais il étoit à propos de faire voir, prémierement, que
dans tous les siécles il a été très-difficile
de reprimer l'humeur sanguinaire &
meurtriere des hommes, puisqu'elle se
repan-

répandit jufques dans les divertiffemens
& les actes les plus facrez de la Religion. Secondement, il paroît par la Loi
d'Ulpien, que les hommes fe battoient &
fe tuoient par colere, & pour venger les
injures qu'ils avoient reçûes ; car la Loi
faifant grace aux Gladiateurs, fait voir
qu'il y avoit d'autres perfonnes qu'on
condamnoit à la mort, parce qu'ils avoient
tué par colere ou par vengeance. Enfin, cette remarque Hiftorique eft né-
ceffaire pour les Auteurs qui en traitant
cette matiere, paffent trop legerement
fur l'inclination Cavaliere, *Cavalaref-*
cha des Anciens, qui fe piquant d'une valeur extraordinaire, cherchoient les occafions de l'exercer, & fe jettent à corps
perdu fur celle des Modernes: ils ont tort,
puis que la chofe ne laiffoit pas de fubfif-
ter, quoi que le Syftême ne fût pas encore compofé dans les formes.

IV. Velleius Paterculus & Tacite rendent témoignage aux Allemands & aux
Nations du Nord, qu'elles avoient *la*
coûtume de décider leurs procès par les ar-
mes : en effet, tout fentoit la guerre
chez ces Nations barbares. On créoit les
Rois en les portant fur un Bouclier, &
ce Bouclier pendu à une porte étoit la
marque de la Jurifdiction & de l'Autorité Souveraine. Les Juges & les Rois
n'étoient élevez à cette dignité qu'après
s'être diftinguez par des *faits d'armes*, ou
par quelque action déterminée ; & comme

me on choisissoit des Chefs plutôt pour
combattre & ravager les terres des voisins, qu'afin de conserver l'équité & de
faire des Loix pour rendre Justice, on
ne pouvoit parvenir à l'honneur du Commandement, que par des actes publics
de valeur & de courage. L'usage de décider les differens particuliers par la voye
des armes, étoit ordinaire dans la Suede &
dans le Dannemark, car Frothon III. l'un
de ces Rois déclara par une Loi autentique, qu'il valoit mieux terminer les
differens *par les armes que par la raison,
& par les coups que par les paroles.* Cette
Loi portoit avec elle un caractére de re-
probation, puis qu'elle préferoit le sort
incertain & violent des combats, aux décisions de la justice & de la raison. Cependant cette Loi fut reçûe & observée
dans toutes les Provinces d'Allemagne,
dans la Scandinavie, dans la Norwegue
&c. D'ailleurs, comme il y avoit en ces
pays-là peu de Villes, le Camp étoit le
domicile le plus ordinaire des Habitans.
Chaque portion de terre avoit son Seigneur particulier; chaque Seigneur ses
Vassaux. Dès le moment qu'il s'élevoit
quelque contestation entre ces Seigneurs,
ils assembloient leurs Vassaux, afin de
faire la guerre; & à l'imitation des Seigneurs, les particuliers & chaque Vassal
accoutumé à combattre pour des droits
& des domaines, décidoit sa querelle
en apellant son ennemi pour se battre

corps

corps à corps, ou avec les armes ordinaires en ce tems là.

V. Ces Nations barbares ayant fait
une irruption dans les terres de l'Empire Romain, elles y porterent leurs Loix
& leurs maniéres farouches, mais cependant il faut rendre cette justice aux
Gots, qu'ils renoncerent à leur ancien
temperament, & qu'après s'être civi-
lisez en Italie, ils abolirent un usage si
cruel. C'est pourquoi Theodoric un de
leurs Rois, les proposoit en exemple aux
autres Nations qui avoient fait des conquêtes dans l'Empire. La lettre de ce
Prince merite d'être raportée, parce que
Cassiodore son Secretaire a bien exprimé
ses sentimens.

,, Nous croyons, dit ce Prince aux
Barbares qui étoient repandus dans la
Hongrie, ,, que vous devez exercer vo-
,, tre valeur contre les Ennemis, plutôt
,, que contre vous mêmes. Un diffé-
,, rent leger ne doit pas vous porter aux
,, derniéres extrémitez. Reposez-vous
,, sur la Justice qui fait la joye & la tran-
,, quilité du monde. Pourquoi avez-vous
,, recours aux Duels, puis que les Char-
,, ges ne sont point vénales, ni les Ju-
,, ges corruptibles dans mes Etats? Quit-
,, tez les armes, puisque vous n'avez
,, point d'ennemi réel. Vous faites un
,, crime, en levant la main & l'épée
,, contre vos parens, pour lesquels il
,, est glorieux de mourir. Pourquoi se
　　　　　　　　　　　　　　　　fer-

Cassiod.L.
II. Ep. 24.
P. 48.

fervir d'une main armée, puifque vous
avez une langue pour défendre votre
caufe. Imitez les Gots qui favent éga-
lement combattre les Etrangers, & pratiquer la modeftie & la douceur dans
leur Nation. Nous voulons que vous
viviez comme nos Ancêtres, qui ont
fleuri en vivant de cette maniere.

Cette Lettre fait honneur aux Gots,
& à Théodoric; mais elle ne laiffe pas
de prouver que l'ufage des Duels étoit
fi commun en Hongrie & dans toute
l'Allemagne, qu'on ne fe faifoit pas un
fcrupule de fe battre contre fes proches
parens pour des différens très-legers.

VI. Non feulement ces Duels ou les
combats de deux perfonnes étoient en ufage, mais ils furent autorifez par les Loix
publiques. Il eft affez difficile de fixer
l'origine & le tems auquel les differentes Nations ont fait un Corps de leurs
Loix. La Salique auroit l'honneur de
l'antiquité, fi on vouloit en croire les
Auteurs qui en donnent la gloire à Pha-
ramond; mais il y a beaucoup d'appa-
rence que les Nations du Nord n'avoient
point de Loix écrites avant la fin du V.
fiécle; & ce fut Evaric Roi des Wifi-
goths, qui l'an 470. commença à former
un Code. Alaric imita l'exemple de fon
Pere. Mais ce qu'il y a de certain c'eft
que les Loix Saliques, Allemandes & Ba-
varoifes autorifoient & ordonnoient les
Duels pour la décifion de certains differens,

vid. Capitularia Reg. Franc. Lex Allamannorum. Lex Bavarorum. T. I. p. 44. 72. 81. 136.

C

rens, & ſi la peine la plus ordinaire pour
les crimes étoit une amende de quelques
ſols, il y avoit beaucoup de cas pour leſquels on ordonnoit le Combat de ſeul à
ſeul. Gondebaud qui regnoit du tems
de Clovis, ſur les Bourguignons ſituez
entre le Rhône & la Saône, & qui paſſoit
pour le plus ſage des Rois de ce tems-là,
fit un Corps de Loix pour ſes ſujets :
c'eſt ce qu'on apelle la Loi Gombette qui
a été religieuſement obſervée dans la ſuite des tems. Et ce Prince ſtatue, *que ſi une*
des parties à qui on a offert de faire le ſer-
ment, refuſe de jurer, & prétend prouver ſon
droit par les armes, on ne doit pas le lui refuſer.
Avitus Archevêque de Vienne eut beau
repreſenter à ce Prince, que l'innocent
ſuccomboit ſouvent dans ces combats, &
que David demandoit à Dieu de diſſiper
les Conſeils de ceux qui vouloient la guerre : ſes remontrances furent inutiles, &
le Prince non ſeulement continua à autoriſer les combats perſonnels ; mais il
ſoutint à l'Evêque, qu'il n'y avoit pas
plus de mal à terminer les affaires des
particuliers par les armes, que celles des
Princes & des Rois par la guerre, & que
David ne pouvoit pas les condamner,
puis qu'il avoit été un Conquerant le
plus Guerrier de ſon ſiecle, & que
même il s'étoit battu en Duel contre
Goliath au nom de l'Eternel des Armées. Agobard Archevêque de Lyon ſe
ſervit de l'exemple des exhortations d'A-
vitus,

vitus, pour engager Louïs le Debonnaire à abolir ces Loix, & un ufage qu'il trouvoit criminel. Le Concile de Valence fit les mêmes efforts auprès de Clotaire l'an 855. mais l'ufage étoit fi enraciné qu'il fut impoffible de l'abolir, & le Pape Nicolas I. décida qu'il étoit legitime, puis qu'il étoit établi par l'autorité des Loix Salique & Gombette. Les Lombards qui entrerent en Italie à la follicitation de Narfes dans le VI. fiécle autoriferent fortement cet ufage; ils étoient fortis de la Hongrie où nous avons vu qu'il étoit tellement établi, que Theodoric Roi des Gots tâcha inutilement de l'abolir,& non feulement ces Peuples l'autoriferent par leur exemple dans la Lombardie ou le Milanois qu'ils conquirent, mais ils commencerent à en faire des Loix qu'on étoit obligé d'obferver. Rotharis fut le premier de ces Rois Lombards, qui voulant rectifier la maniére dont il étoit monté fur le Trône, & gouverner plus juridiquement fa Nation, fit un Corps de Loix pour elle. Mais au lieu de prendre ce qu'il y avoit de bon dans les anciens Codes des Grecs & des Romains, il fuivit uniquement l'inclination & le genie du Peuple qu'il gouvernoit. Le Code de Theodofe le Jeune avoit été long-tems la régle de la Jurifprudence de l'Empire, c'étoit un Recueil des Loix que les Empereurs précédens avoient publiées pour le Reglement des Officiers de Juftice,

An. 851.

VI. & VII. fiécles.

tice, d'Etat & de Guerre, & on y avoi
fait à ces Princes l'honneur d'y confer
ver leur nom & la gloire qu'ils meritoient.
Mais Juſtinien, ou plûtôt le Juriſcon-
ſulte Tribonien tâcha de les enſevelir
tous dans l'oubli, en effaçant leurs noms
dans les Pandectes. C'étoit une Compila-
tion de toutes les Loix qui parurent néceſſaires pour la conſervation de l'ordre.
L'Empereur voulut que cetteCompilation
qui porta le nom de *Code Juſtinien*, fût
reçûe dans tout l'Empire ; que toute autre Juriſptudence fût abolie, & qu'on
ne jugeât les differens perſonnels, que
ſur l'autorité de ſes Edits. Mais ſoit
que les Princes qui venoient de renver-
ſer l'Empire Romain, ne puſſent accoûtumer les Peuples à ſuivre une Juriſprudence étrangére & peu conforme à leur
inclination barbare ; ſoit qu'ils fuſſent jaloux de donner à leur tour des Loix aux
Peuples qu'ils avoient vaincus, & faire
reſpecter leur autorité par l'obéïſſance
qu'on leur rendoit, ils firent preſque tous
des Loix & des Codes particuliers. Nous
avons vu les Rois des François, des
Allemands, des Bourguignons & des Gots
ſe donner cet Empire, & produire les
Loix Salique, Allemande, Gombette.
Les Lombards crurent qu'ils devoient
faire la même choſe, lors quils furent
établis dans le Milanois ; & Rotharis qui
uſurpa le Trône l'an 638. publia *ſon Edit,*
lequel *devoit être obſervé inviolablement*
par

Sigonius
de Regno
Ital. L. 2.

par tous ses Sujets. Ce Prince n'emprunta rien des Etrangers; mais il se contenta de *rappeller dans sa mémoire, & de rétablir les anciennes Loix de ses Peres,* lesquelles n'étoient point *écrites.* Ces Loix étoient semblables à celles des autres Nations qui venoient du Nord. On y condamnoit les coupables à une amende de plusieurs sols, mais dans les cas douteux l'Edit les condamnoit à se battre en Duel. Car si un homme qui a possedé cinq ans une terre ou quelque autre bien, soit meuble, ou immeuble, est accusé de l'avoir pris injustement, *il doit* se *justifier par le Duel.* Ceux qui étoient soupçonnez d'attentat contre la vie d'un homme, devoient se purger de la même maniére. Les femmes y étoient comprises, & l'usage des Champions qu'elles pouvoient acheter, est confirmé par cet *Edit* solemnel.

Lib. IV. tit. 35. leg. 2.

An. 668.

Grimoald autre Usurpateur de la Couronne des Lombards, se vanta trente ans après, d'avoir réformé l'Edit de Rotharis, & de ramener à un sens raisonnable certaines Loix qui étoient trop dures & qui paroissoient impies. Mais il ne laissa pas d'obliger les femmes accusées d'adultére à nommer un Champion qui pût vanger leur honneur offensé, en se battant pour elles.

An. 713.

Luitprand ami de Charles Martel, & qui non seulement fut plus humain que les Rois ses Prédecesseurs, mais qui fit

le

le devot; ne laiſſa pas d'afermir l'ancien
uſage des Duels, en reformant ſeulement la confiſcation des biens du Vaincu. Si, diſoit ce Prince, un fils croit
que l'ennemi de ſon Pere l'a empoiſon-
né, & qu'il le prouve par le Duel, les
biens du Vaincu ne ſeront pas entiere-
ment confiſquez au profit de l'Accuſateur, parce que nous ne ſommes pas aſſu-
rez du Jugement de Dieu, & nous avons
apris, que pluſieurs *perſonnes innocentes ont*
été tuées & ont peri en défendant une cauſe
juſte. On ne croyoit pas alors chez les Lombards, que Dieu ſe déclarât toûjours en
faveur de l'innocent, & que préſidant à
ces combats, il tint la balance égale pour
faire pencher la peine & la mort du côté du coupable. Ce Prince qui regardoit comme impie l'uſage des Duels,
avoua, qu'il étoit tellement enraciné dans
ſa Nation, qu'il n'avoit oſé l'interdire,
ni le condamner authentiquement.

VII. Malgré l'acharnement que les
Lombards avoient pour ces combats ſinguliers, il ne faut pas les condamner
comme s'ils étoient les ſeuls Peuples entêtez des Duels, comme font la plûpart
des Ecrivains: car ſans repeter ce que
nous avons dit de la Loi Gombette &
Salique, Charlemagne ayant conquis le
Milanois ſur Didier le dernier de ces Rois
Lombards, l'uſage ne changea point,
quoique le Pays eût changé de Maître:
au contraire, les Alemands & les François

Voyez
Maffei
della
Scienza
Cavalle-
reſca. L.
II. c. 2.

çois qui marchoient à la ſuite de ce Conquerant, affermirent l'uſage des Duels au lieu de les abolir. On fit un Corps de Droit diviſé en trois parties, dont l'un regardoit les Crimes qui méritoient quelque peine : le ſecond régloit les Contrats, & le troiſiéme rouloit ſur les affaires Eccleſiaſtiques ; mais dans ces Capitulaires de Charlemagne on trouve beaucoup de Réglemens ſur les Duels, qu'on regardoit comme néceſſaires ; & lorſque l'Empire eut paſſé aux Allemands, Otton II. dans la fameuſe Aſſemblée de Verone, ordonna les Duels, comme un moyen propre à décider les cauſes douteuſes, ſans excepter celles des Egliſes, qui étoient obligées de nommer les Champions auſſi-bien que les infirmes.

An. 918

VIII. L'uſage des Duels devint fort ordinaire en France dans le IX. Siécle; le defi du Comte Bernard eſt fameux, on l'avoit acuſé de divers crimes pendant ſa Regence, & particulierement d'un commerce illicite avec l'Imperatrice Judith. Etant revenu à la Cour après en avoir été banni par les Enfans de Louïs le Debonnaire, revoltez contre l'Empereur leur Pere, il demanda de ſe battre en Duel, pour ſe purger de tous les crimes dont on l'acuſoit, *ſelon la coûtume reçüe des Françōis.* Il faut donc avouer qu'ils autoriſoient les Duels : mais un Auteur fameux ſe trompe, lors qu'il ſoutient que les François ſont les ſeuls qui ont conſervé

cet

cet ufage inconnu aux autres Nations ; car fi les François ont attaché un point d'honneur à ces fortes de combats, & les ont regardez comme des moyens propres à décider leurs differens perfonnels, les autres Peuples, les Efpagnols & les Italiens firent la même chofe, lors qu'ils eurent fecoué le joug des Lombards & des Gots.

IX. On examine ferieufement, fi les Duels étoient connus en Angleterre avant Guillaume I. & fi ce furent les Normands accoûtumez à ces fortes de combats, qui y porterent cet ufage, ou s'ils le trouverent établi dans la Nation qu'ils avoient conquife ? Selden qui avoit fort étudié la matiere, a tâché de juftifier les Anglois, en remarquant que ce fut Guillaume le Conquerant qui envoya faire un défi à Harald, lequel lui difputoit la Couronne, & que ce Prince fut tellement irrité de ce Cartel, qu'il s'en fallut peu qu'il ne violât le droit des Gens, en maltraitant le Heraut de Guillaume. On voit là un défi fait par le Général Normand, & rejetté par l'Anglois, ce qu'il n'auroit ofé faire, fi fa Nation avoit fait dépendre l'honneur & le fort du Royaume d'un combat fingulier. Selden ajoûte, qu'on ne trouve aucunes Loix fur les Duels dans les anciens Codes des Saxons, dans les tems d'Alfred, de St. Edmond & d'Edgard.

Nous n'entreprenons pas de difculper les Normands, puis qu'ils étoient grands

grands Duellistes, & que leur Duc Guillaume les autorisoit par son exemple. Cependant nous remarquerons trois choses contre Selden: l'une qu'il faut s'inscrire en faux contre un grand nombre d'Historiens Anglois, & célebres, qui ont raporté le fameux Duel du Prince Edmond avec Canut, Chef des Danois. Ces deux Princes ayant combattu six ou sept fois à la tête de leur Armée sans avoir remporté une victoire décisive, un Anglois las de ce grand nombre de batailles, & de voir repandre tant de sang inutilement, proposa l'alternative, ou que les deux Pretendans partageassent le Royaume, ou qu'ils décidassent du sort des Peuples par un combat particulier. Ils accepterent ce dernier parti, les deux Armées demeurerent campées sur les bords de la Saverne, spectatrices du combat. Les deux Heros se battirent jusqu'au Soleil couchant, Edmond avec plus de force & Canut avec plus d'adresse. Le dernier qui commençoit à se fatiguer, baissa l'épée & proposa le partage du Royaume, qui fut accepté par les Anglois & les _{An. 1025} Danois. Ainsi le Duel étoit en usage en Angleterre & regardé comme une voye de décision avant l'arrivée des Normands.

D'ailleurs, on peut dire qu'Edouard est le Legislateur d'Angleterre, puis que Guillaume ne reçut la Couronne après la mort de Harald, que sous condition

qu'il

qu'il adopteroit les Loix que ce Prince avoit publiées ; entre ces Loix il y avoit pluſieurs Réglemens ſur les Duels & les Duelliſtes.

Enfin, les Auteurs qui nous ont apris la maniere dont les Saxons vivoient en Angleterre ; ou qui ont écrit leur Hiſtoire, parlent ſouvent de Champions, de Champ de bataille & de Duels ; & il eſt inutile de s'inſcrire en faux contre ces Relations, parce qu'elles ont été compoſées par des Moines ; car ces Religieux n'avoient pas interêt à tromper, ni à ſe laiſſer tromper ſur cette matiere, qui leur étoit indifferente.

CHAPITRE. V.

Des Tournois qui ont rendu les Duels plus frequens.

I. ON aſſure que la paſſion des Duels fut amortie par le rétabliſſement de la Juriſprudence en Occident. Ce fut en 1130. que l'Empereur Lothaire II. étant venu en Italie au ſecours du Pape Innocent II. trouva le fameux Livre des *Pandectes* dans la ville d'Amalfi. Les Habitans de Piſe le lui demanderent comme une recompenſe des ſervices qu'ils avoient rendus, & depoſerent un ſi pretieux

tieux tréfor à Florence où on conferve
ce manufcrit, fur lequel on fait prefentement une nouvelle édition en Hollande. On tira de grands fecours de ce Livre, pour corriger certaines Loix, &
rectifier le Droit que l'irruption des Nations barbares avoit changé. Mais je ne
fai comment on peut dire, que les Peuples devenus plus polis par la lecture des
Pandectes, n'eurent plus ce même aveuglement pour les Duels, jufqu'à ce que
Charles di Tocco, Docteur fameux, ré-
tablit l'autorité des Loix Lombardes. En
effet, non content d'autorifer les Duels, il
en étendit la liberté, en foutenant qu'on
pouvoit faire un apel à celui qui poffedoit une terre depuis trente ans, s'il étoit
foupçonné de l'avoir ufurpée, & qu'il
falloit obferver *l'ufage des Duels, quand* della Sc
même il feroit mauvais.

Voy
Maffei
della Sc
za Cav
L. II. c.
p. 165.

II. Mais on donne trop d'autorité &
d'influence aux Pandectes, en foutenant
qu'elles ont produit un effet fi prompt
& fi général. L'Edit des Lombards ne
fut pas aboli par ce rétabliffement des
Loix Romaines; car plufieurs Nations
eurent la liberté de s'en fervir, & le conferverent effectivement; de là vient qu'on
trouve cet Edit chargé de *Glofes, de Pof-*
tilles, de Notes & de Commentaires!, auffi
bien que le Code Juftinien : & le fameux
Balde, [après avoir découvert plufieurs
articles entre ces deux fortes de Loix,
qui font oppofez l'un à l'autre, ne laiffe

se pas de les mettre en parallele, & de garder l'équilibre : mais independamment de ces differens Corps de Droit & de leurs Commentateurs, les Duels eurent leur cours ordinaire, ils furent même autorisez par l'Empereur Frederic Barberousse, lequel confirma l'épreuve par le Duel; & quoi que Frederic II. en bornât l'usage dans les Constitutions que Pierre des Vignes publia sous son nom, cependant il ne laissa pas de les permettre & de donner des régles pour les Champions, & les cas dans lesquels on doit se battre : ainsi la découverte des Pandectes ne produisit pas l'effet qu'on leur attribue.

III. Au contraire, ce fut dans ces temps-là qu'on inventa les Tournois dont l'usage se répandit des François chez les Peuples voisins, afin de les accoûtumer à la guerre & aux combats par ces *Préludes.* C'étoit là l'intention de Richard Roi d'Angleterre; car ce Prince considerant *que les Combattans avoient plus de courage & de valeur, à proportion qu'ils s'étoient exercez dans les armes, & qu'ils avoient apris leur mêtier*, ordonna que les Soldats de son Royaume s'exerçassent, afin de faire *dans ces Tournois l'aprentissage de la guerre, & que les François n'insultassent pas les Anglois, comme des aprentifs qui n'avoient aucune experience.*

IV. Les François donnent l'invention de leurs Jeux Militaires à Godefroi de
Preuil-

1189.

Hel-
sigen-
L. V.

Can-
, Dif-
sation
. sur
Mé-
oires
Sr. de
loville.

Preuilly, qui fut tué à Angers l'an
1066. & prétendent que les autres Nations
les ont imitez. Les Allemands en font
honneur à l'Empereur Henri le Germa-
nique; les Grecs à l'Empereur Manuel
Comnene, lequel trouva ces Spectacles
plus innocens que ceux des Gladiateurs.
Les Anglois avouent qu'on ne voyoit chez
eux aucune trace de l'Art Militaire pendant le Regne d'Etienne; qu'Henri II.
n'ofant établir des combats, permit feulement aux Seigneurs Anglois de paffer
la mer & d'aller s'exercer chez les autres
Nations; c'eft pourquoi Galfride Duc
de Bretagne fon fils alla en Normandie,
& revint avec la gloire d'avoir jouté
avec les foldats François, & les avoir
égalez en valeur. Les Efpagnols & les
Italiens, ajouterent tout ce que l'imagination peut fournir pour relever l'éclat
de ces divertiffemens. Mais fans examiner leur origine chez toutes les Nations,
il eft inconteftable, que les Joutes & les
Tournois furent frequens & fort en ufage depuis le tems qu'on eut retrouvé les
Pandectes, & rendu quelque vigueur
au Droit Romain. Mais ces Tournois cauferent fouvent la mort, & furent
une occafion de Duels particuliers. Le
Pape Alexandre II. condamna dans le
Concile de Latran ces Foires ou Tournois, dans lefquels les Chevaliers venoient faire montre de leur valeur, &
caufoient la mort & la damnation de quantité

tité de perſonnes. Clement V. voyant
que cette coutume établie dans les
Royaumes d'Angleterre, de France &
en Allemagne, empêchoit le voyage de
la Terre Sainte, les fit condamner par
le Concile de Vienne, lequel frapa de
l'Excommunication ceux qui continueroient ces Tournois. Mais comme un
grand nombre de perſonnes encourut
l'Excommunication, Jean XXIII. fut obligé de donner une abſolution générale
à la priere de Philippe Roi de France.
L'autorité des Papes précédens & des
Conciles ne fut point reſpeĉtée, & les
Tournois furent fort à la mode dans les
ſiecles ſuivans.

V. On n'avoit au commencement que le
deſſein de s'exercer & d'aprendre à ſe battre, comme on exerce les Soldats dans
les revûes, c'eſt pourquoi les Combattans prenoient des *armes courtoiſes*, il
n'y avoit point de fer au bout des lances, ni de pointe aux épées, mais cet
uſage étoit trop innocent pour durer
long-tems. On ne marquoit pas aſſez de
valeur dans des combats où il n'y avoit
aucun peril, & où il ne s'agiſſoit que
de montrer ſon adreſſe ; c'eſt pourquoi on
ſe ſervit bien-tôt *d'armes à outrance*, c'eſt
ainſi qu'on appelloit les lances & les
épées pointues, ou les autres armes of-
fenſives.

VI. On remarque quelque différence
entre les Joutes & les Tournois, parce
que

que dans les premieres on combattoit feul
à feul, au lieu que dans les autres on
voyoit des Quadrilles & des troupes qui
marchoient en ordre de bataille fous un
Chef, avec leurs étendars & leurs échar-
pes differentes : mais cette diftinction n'a
pas été toûjours obfervée, & foit qu'on
confidere les Joutes ou les Tournois, il
eft certain qu'on s'animoit par ces fpectacles & ces apparences de combat, à
des combats réels qui devenoient par là
plus frequens. La honte de la défaite
faifoit naître des deffeins férieux de vengeance; la colere qui échauffoit les Combattans, leur infpiroit fouvent de la haine pour leur Antagonifte; quoi qu'il y
eût de la honte à fe fervir d'armes iné-
gales, cependant on ne laiffoit pas de le
faire quelquefois. Enfin, on abandon-
na bien-tôt les armes courtoifes, afin de
prendre celles à outrance, qui ont fouvent enfanglanté la carriere & coûté la
vie aux Rois mêmes.

VII. L'amour avoit beaucoup de part
à ces Joutes & à ces Tournois, on faifoit honneur à fa Maitreffe, on fe battoit
jufqu'au fang, & les Rivaux ne manquoient point à fe reconnoître ou à fe
battre à fer émoulu. Henri IV. amou-
reux de la belle d'Entragues & jaloux de
Baffompierre, en lâcha quelques traits
devant le Duc de Guife, qui promit fur
le champ de venger le Roi. Je fuis, di-
foit-il, Chevalier errant, & je veux rompre

pre trois lances contre votre Rival cet
après-diner, dans le lieu que Votre Majesté marquera. Le Roi accepta l'offre,
on choisit une des Cours du Louvre qu'on
depava promptement, les Champions prirent deux seconds, & comme on avoit
toûjours des armes prêtes à tous évene-
mens, Bassompierre parut avec ses assistans revêtus d'armes argentées avec des
panaches incarnats & blancs, & Mr. de
Guise s'étoit habillé & armé de noir &
d'or, à cause de la Marquise de Verneuil
sa Maîtresse. Toute la Cour, sans excep-
tèr le Roi & la Reine, étoient aux fenê-
tres, sous lesquelles le combat se devoit
faire; le Duc de Guise rompit sa lance
contre le casque de son Antagoniste, &
ensuite contre la tassete, elle entra dans
le ventre & il en demeura un tronçon
plus long que le bras, attaché à l'os de la
cuisse, & qui sortoit du ventre, tellement
qu'on le crut mort. On le porta chez Mr.
de Vendôme, où un Gentilhomme ti-
rant le tronçon, les entrailles sortirent:
cependant on les remit, & Bassompierre
guerit d'une si dangereuse playe. Ce
spectacle fit horreur à la Cour, & le Roi
ne voulut plus en donner de semblables.

CHA-

CHAPITRE VI.

Origine des Cavaliers, Milites, & de leur creation.

I. ON ne doit, pas confondre les Chevaliers, ou les Soldats, *Milites*, dont nous parlons, avec les Ordres de Chevalerie ; car ces derniers faisoient un Corps confiderable, & les autres étoient des particuliers.

Il faut même distinguer deux fortes de Chevaliers ; car les uns étoient soldats de *Beneficio* ou de *Fief*, & obligez de servir leur Seigneur, & les autres étoient de *creation pure*.

II. Lors que les Conquerans avoient soumis à leurs Loix une Province, ils la depeuploient souvent, si elle ne l'étoit pas déja par le ravage des Armées ; ils en chassoient les habitans, & distribuoient les terres à leurs Officiers & aux soldats, à condition qu'ils continueroient à porter les armes. Cet usage étoit aussi ancien que la Republique chez les Romains ; Horace introduisoit le soldat insolent, & autorisé par son Général, qui crioit aux anciens habitans de lui abandonner sa terre.

Veteres migrate Coloni.

Alexandre Severe distribua à ses Officiers les terres qu'il avoit prises sur les

Lamprid. in Alex. Severo.

Vopiscus in P

enne-

D

ennemis, & les rendit héreditaires, fous
la condition que leurs enfans ferviroient
à la guerre, & l'Empereur Probus par-
tagea l'Ifaurie aux Veterans, à condition que leurs enfans fe feroient foldats
dès l'âge de dixhuit ans.

III. Ces donations portoient au commencement le titre de *Benefices Militai-*
res, parce qu'on les tenoit de la benefi-
cence & de la liberalité des Généraux.
On les donnoit quelquefois pour en
jouïr feulement pendant la vie, mais ils
paffoient fouvent des Peres aux Enfans. Comme il étoit très-difficile de dé-
poffeder ceux qui en avoient jouï long-
tems, & que la race de Charlemagne
tomba dans une afreufe décadence, les
Seigneurs François qui avoient reçu
leurs *Benefices* pour leur vie feulement,
abuferent de la fimplicité de leurs Rois,
& fe les aproprierent, afin de les faire
paffer à leur pofterité.

IV. Ce fut fous Charles le Simple que
ces Benefices changerent de nom, &
qu'on leur donna celui de *Fiefs*, parce
qu'on exigeoit *la Fé*, ou la foi & l'hommage de celui qui entroit en poffeffion d'une
terre. *Feudo es Bienfecho que da el Sennor*
a al gundome, porque fe torne fu vaffallo e
el faze omenaie de fer leal e tomo efte nome
de fe que deve fempre el vaffallo guardar al
Sennor. Le Fief eft un benefice que le
Seigneur donne à quelqu'un, à condition qu'il fera fon Vaffal, & qu'il fera
hom-

Leges
Alfonfi-
næ. P. 1.
Tit. IV.
L. 1. apud
du Cange
Feudum.

hommage de lui être loyal, & ce nom est venu de la *Fé* ou foi, que le Vassal doit toûjours garder à son Seigneur.

V. Dom Luc d'Achery a produit une donation de Pepin, faite l'an 755. par laquelle il défend de contester les Fiefs qu'il donnoit au Monastere de Figeac, devant d'autres Juges que l'Abbé: mais il y a tant de raisons qui prouvent la fausseté de cette donation, qu'on ne peut en tirer aucune preuve pour l'antiquité des Fiefs. Celle de Charles le Gros n'est pas moins suspecte, & Mr. le Fevre l'auroit rejettée absolument, s'il n'avoit trouvé le terme de Fief en usage, dans le même tems ou du moins sous les Regnes de Lothaire & de Charles le Simple.

Cetta privileg. concessa habitato- ribus Figi- ci apud d'Acheri Spicil. T. XIII. p. 259.

Basnage, Cout. de Norman- die. T. L. Titre des Fiefs. p. 142.

VI. Comme ces terres étoient *Militaires*, c'étoient des Soldats ou Chevaliers qui devoient rendre service à leur Seigneur principal, lors qu'il alloit à la guerre, ou lorsqu'il avoit quelque different avec ses voisins. Dans l'hommage que la Noblesse de Toulouse & d'Agen rendit au Comte Raymond, elle jura de défendre de bonne foi sa personne, ses Fiefs & ses droits, contre tous ceux qui voudroient le molester ou l'injurier, *contra omnes molestatores qui super hoc eis injuriari voluerint.* Les Chevaliers qui tenoient les Fiefs, étoient obligez d'avoir des chevaux & des armes, non seulement pour eux, mais pour les personnes qu'ils étoient obligez de mener au service de leur Sei-

An. 1248. Regestum Tolos.

gneur.

gneur. Clui qui avoit un Fief *Militaire en-*
tier, devoit fuivre le Roi quarante jours,
avec armes & chevaux, la cotte d'armes,
le cafque, le bouclier & la lance : s'il n'a-
voit que la moitié ou un quart de Fief,
il ne devoit marcher que dix ou vingt
jours. *Un Fief entier contenoit cinq hides,*
chaque hide quatre verges, & une verge vingt-
quatre acres : ou felon les autres une hide
renfermoit autant de terres qu'on en peut
labourer pendant un an avec une charrue.
Le Chevalier qui poffedoit un Fief de
Hautbert, devoit fervir fon Seigneur
armé de toutes pieces. On perdoit fon
Fief avec ignominie, lors qu'on manquoit
au jour & au rendez-vous que le Seigneur
avoit affigné, ou lors qu'on l'abandon-
noit dans le peril & dans un jour de bataille. Il eft aifé de concevoir que ces Seigneurs qui avoient toûjours une petite
Armée autour d'eux, à laquelle il fuffi-
foit de donner le fignal pour l'affembler
fans frais & fans dépenfe, mettoient fouvent leurs Vaffaux en exercice pour venger les injures qu'ils avoient reçûes, ou
foutenir celles qu'ils vouloient faire eux-
mêmes; & ces Chevaliers qui devoient être
toûjours armez, ne demeuroient pas aifément en repos. Cette vie militaire n'étoit
pas propre à adoucir les cœurs naturellement farouches ; au contraire, les Chevaliers particuliers fe faifoient un honneur
de faire leur aprentiffage dès leur jeuneffe, afin de pouvoir entrer dans le fervice
avec

avec quelque commencement de réputation. Le mal étoit d'autant plus grand, que les Peuples du Nord chaſſèrent les anciens habitans des Pays qu'ils uſurpoient, ou bien il les ſacrifioient à l'avarice des Soldats & des Officiers. C'eſt pourquoi on remarque comme une action preſque ſinguliere, celle de Raoul Duc de Normandie, lequel après avoir diſtribué une partie de cette Province pour recompenſer ces braves Normands qui l'avoient ſuivi, rapella les anciens habitans, & donna de gros Fiefs à quelques Seigneurs qui venoient de Bretagne & de la France, s'établir ſous ſa domination.

VII. Mais outre ces Chevaliers qui avoient obtenu, ou qui heritoient des *Fiefs Militaires*, & qui poſſedoient un Fief de Hautbert, ou de cotte d'armes, *Feudum loricæ*, il y en avoit d'autres que nous apellerons Chevaliers *de création*: c'étoient des Seigneurs Princes & Fils de Roi, & des Rois même, qui ſe faiſoient ceindre l'epée, & créer Chevaliers par un Général de réputation, ou par un Prince voiſin. C'eſt ainſi que François I. ſe fit un honneur de recevoir l'epée, & d'être créé Chevalier, *Miles*, par le fameux Bayard.

VIII. Cette coutume étoit très-ancienne; car Tacite remarque qu'elle étoit obſervée parmi les Allemands. *Nihil autem neque publicæ neque privatæ rei niſi armati agunt. Sed arma ſumere non ante cuiquam moris,*

quam

quam civitas suffecturam probaverit. Tum in ipso Concilio vel Principum aliquis , vel pater, vel propinquus scuto frameaque juvenem ornant. Hæc apud illos toga, hic primus juventæ honos: ante hoc domus pars videntur, mox Reipublicæ.

Tacit. Germania. C. XIII. P. 546.

Cet endroit de l'Historien Romain est considerable, car on y aprend , I. que les anciens Allemands ne déliberoient jamais d'aucune affaire particuliere ou publique, sans avoir les armes à la main. II. Qu'il n'étoit permis à personne de porter les armes qu'avec l'aprobation ou le choix de la Communauté. III. Après avoir obtenu cette aprobation, le jeune Cavalier étoit conduit dans une Affemblée publique, où quelqu'un des Chefs de la Nation, ou son Pere, ou quelque parent lui donnoit une épée & un bouclier. IV. C'étoit un grand honneur, & celui qui le recevoit devenoit par là membre de la Republique, au lieu qu'on ne le regardoit auparavant que comme un particulier. V. C'est là l'origine véritable des Cavaliers qui causerent tant de défordres dans la fuite des tems: car il étoit naturel que les Nations du Nord portaffent leurs ufages & leurs Loix dans les lieux où ils s'établiffoient.

Paulus Diaconus. L. I.

Les Lombards étoient fi délicats fur la matiere, qu'un de leurs Rois refufa les Officiers de fa Cour, qui le prioient de faire manger avec lui le Prince Royal , lequel venoit de faire une belle action ,

parce

*parce que chez les Lombards un Fils de Roi
ne mange jamais avec son Pere, s'il n'a reçu les armes de la main d'un Prince étranger.*

IX. Cette creation se faisoit avec beaucoup de solemnité & de dépense : c'est
pourquoi Guillaume Moine d'Egmond
remarque, que les Comtes d'Hollande
avoient obligé les villes de Haerlem & de
Leyden, à leur payer vingt livres d'im-
pôt extraordinaire, lors qu'un de leurs
enfans, ou de leurs freres, ou eux-mêmes
deviendroient soldats Chevaliers ; & ou
peut voir dans l'ancienne Chronique
d'Hollande, l'installation de Guillaume,
Comte de Hollande & Empereur, laquelle se fit avec beaucoup d'éclat.

Willelmi Mog. Chron. Egmund.

Miles Chronicon Belgicum.

X. Il falloit être de bonne Maison,
afin d'avoir part à cet honneur, les enfans de Prêtre, de Bourgeois & de Pay-
sans en étoient exclus, & je remarque-
rai en passant, que le Comte de Nevers
fut mis à l'amende, pour avoir créé
Chevaliers les deux enfans de Philippe
de Bourbon, parce qu'ils n'étoient pas
d'assez *bonne Maison du côté de leur Pere*,
& ils se racheterent eux-mêmes auprès
du Roi, par une amende de 1000. livres
tournois qui furent reduits à 400. livres.

Non existentes à Deo Nobiles ex parte patris quod milites fieri deberent. Registrum 2. Parlementi Parisi. apud du Cange.

XI. On faisoit intervenir la Religion
dans cette creation de Cavaliers. En effet,
il falloit se baigner, afin de sortir de l'eau
aussi net de toute mauvaise action, qu'on
sortoit des fonds baptismaux lavé de ses
pechez ; on jûnoit, on prioit, on com-
munioit.

munioit. Le baudrier & l'épée du Cavalier
dévoient repofer quelque tems fur l'Autel,
& être benits par le Prêtre ou l'Evêque,
qui les donnoit à ceux qui dévoient être
reçus. Les Normans qui trouverent ces
coûtumes Ecclefiaftiques en Angleterre,
s'en moquerent, & croyoient au contraire que c'étoit degenerer de l'ancienne
Chevalerie, que de pratiquer ces dévo-
tions. En effet, on fe contentoit de ceindre l'épée, de mettre le cafque fur la tête ; on mettoit auffi en cérémonie les
éperons à ceux qui dévoient combattre
à cheval. Et c'eft de là qu'eft venu le
titre de Cavaliers, au lieu de celui de
foldat, & même *d'Eques aureatus*, parce
que les éperons étoient dorez.

XII. Ces Cavaliers en recevant l'épée
& les éperons, faifoient un ferment fo-
lemnel de ne fouffrir aucun affront ; &
ce ferment étoit regardé comme le grand
principe & l'apui de toute la Chevalerie ; non feulement ce ferment obligeoit
les Cavaliers à fe venger par la voye des
armes ; mais il les rendoit extrêmement
délicats fur la nature des outrages ; car
on fe faifoit un devoir de repouffer la
moindre injure, par la violence & par le
Duel.

D'ailleurs ces Cavaliers fe regardoient comme les reparateurs du tort
qu'on faifoit aux autres. Ils animoient par
leurs difcours & leur exemple, les offenfez
à fe venger, ils menaçoient les timides
de

de prendre leur place, & le faisoient quelquefois ; ils croyoient être les dépositaires des droits des particuliers de toute une Province, & sur tout de leurs amis. Un vieux Poëte François exprime ce devoir en termes barbares, mais precis,

Doit ouyr Messe & dame deu proier   Girard de
Qu'il li doie honor & soy haufcer   Vienne.
Et a droit terre tenir, terres & justifer.

Il falloit pour remplir son devoir, chercher de la reputation, de la gloire, afin de s'élever au dessus de ses parens, *maintenir le droit & faire justice par la voye des armes.* On peut en voir une preuve plus positive dans le serment que Guillaume Comte d'Hollande & Empereur, prêta l'an 1248. lors que le Roi de Bohême le presenta au Cardinal Legat pour le faire Chevalier ; car le Legat Capuccio lui lut les Statuts de la Chevalerie, & de l'Art Militaire. Il devoit entendre tous les jours devotement l'Office de la Passion ; exposer hardiment son corps pour la Foi Catholique, garantir la Sainte Eglise & ses Ministres, de ceux qui la pillent, proteger la Veuve, les Pupilles & les Orphelins, & *se battre en Duel, pour la defense de tous les innocens.*

XIII. Comme on donnoit ces armes à la Jeunesse bouillante, & qui s'en tenoit honorée, il étoit impossible qu'il n'en arrivât beaucoup de desordres ; on

D 5   cher-

cherchoit à fe lfignaler, & on fe regardoit comme indigne de l'honneur qu'on
avoit reçu, jufqu'à ce qu'on eût donné
des preuves de fa valeur dans un combat particulier, lors qu'on n'avoit pas
occafion de le faire dans une bataille.
On fe faifoit plutôt une querelle, afin
d'avoir le moyen de fatisfaire fon ambition & fon humeur foldatefque, que de
demeurer dans une fombre oifiveté. Les
Peres qui avoient été Cavaliers, tranf-
mettoient cette inclination meurtriere à
leurs enfans. Ils comptoient leurs ex-
ploits militaires, & faifoient fouvent des
récits fabuleux de combats contre des
Geans & des monftres, afin d'animer la
Jeuneffe par leur exemple; & comme les
Enfans de Cavaliers avoient un droit particulier à le devenir eux-mêmes, & qu'ils
étoient nourris dès leurs plus tendres
années dans cet entêtement, le mal aug-
mentoit ou du moins continuoit avec
violence dans une famille, jufqu'à ce
qu'elle fût éteinte; de.là vint une grande multiplication des Duels.

XIV. Les Roturiers étoient diftinguez
par les armes, car ils ne pouvoient fe
battre qu'avec le bâton & l'écu. Cet
ufage regnoit chez les Lombards, les
Normands & les François, c'eft pourquoi
on remarque que les Avocats des Abbayes
de St. Denis & de St. Benoît fur Loire, ayant nommé des Champions, afin
de terminer leur differend, les Juges
d'Or-

d'Orleans ordonnerent qu'ils se battroient avec les écus & bâtons, parce qu'ils étoient *Roturiers*. Cette coutume subsista jusqu'au tems de Louïs XI. où c'étoit un proverbe, il a été battu en *vilain*, c'est-à-dire, en Roturier & à coups de bâton. L'ancien Coutumier de Normandie que les Anglois adopterent, porte, que les Roturiers ne *peuvent avoir autre instrument à griever l'un l'autre, hors l'écu & le bâton*; & la Glose ajoûte, qu'il n'est point parlé des Nobles dans le texte de la Coûtume, parce qu'il est tout notoire *quelles armures ils doivent avoir pour soy combattre.* Les Chevaliers devoient être à cheval, armez de toutes pieces ; quelques uns ajoûtent, que les oreilles de leurs chevaux devoient être rognées, & eux avoir la tête rasée, du moins les cheveux rasez par dessus les oreilles. Le combat des uns & des autres ne finissoit qu'au coucher du Soleil, ou lors que l'étoile paroissoit. Si le defenseur n'étoit pas vaincu, on le déclaroit innocent, du moins en Angleterre & en France: mais en d'autres lieux c'étoit une Loi que le combat devoit recommencer le lendemain, parce qu'il falloit convaincre le coupable par la defaite ou la mort. *Per-lo parter si del sole la bataglia non si dovrebbe partire, o il seguente giorno si dovrebbe renovare*, dit un Auteur Italien qui a écrit sur cette matiere. Telle étoit la fureur des combats personnels.

Voyez Savaron, contre les Duels. P. 60. Selden the Duello. C. XI. p. 66. Mutio Giustino-politano, de Le Duello.

Le mal paſſa dans un excès beaucoup plus grand pendant les Croiſades, & depuis ce malheureux tems, les devots Croiſez qui vivoient dans un déſordre affreux, porterent l'eſprit guerrier, & la ferocité, preſque inſeparable des armes, juſqu'au dernier degré. Ce fut là qu'on commença à inſtituer un Ordre de Chevalerie, & ces differens Ordres de Chevalerie, qui ont non ſeulement contribué à entretenir les Duels, mais en ont augmenté le nombre & les excès.

CHAPITRE VIII.

Origine des Ordres de Chevalerie. Inſtitution de celle de Conſtantin fabuleuſe.

L'Entêtement de faire remonter ſon origine juſques à la premiere Antiquité, eſt d'autant plus ſurprenant qu'il eſt général, il n'y a preſque point de ville qui n'aille chercher ſa fondation dans les tems fabuleux : Qu'importe à cette ville d'être ancienne, ſi elle eſt heureuſe par la douceur du Gouvernement, ou par l'abondance du Commerce ! Il n'y a point d'Egliſe qui ne fût Apoſtolique, ſi on vouloit en croire ſon Evêque, & il n'y a pas juſqu'à ceux de Troyes & de Clermont qui font peu de figure en France, qui n'ayent pris ce titre il y a déja longtems. Les Moines qui font profeſſion d'une humilité, que le renoncement au monde devroit rendre réelle, sont à cet égard les plus fiers de tous les hommes. Les Carmes ont cru primer, en prenant Elie sur le Mont Carmel pour leur Patron : mais le Frere Paul de S. Sebastien *Hospitalier*, a fait remonter son Ordre de neuf cens ans au dessus de celui des Carmes. Le Pere Papebroch qui avoit fort étudié la matiere, fut accablé de reproches, que son incrédulité sur cette antiquité chimerique lui attira. Les Carmes aimoient mieux descendre des Juifs que des Chrétiens, & devoir leur institution à la Synagogue, qu'aux Docteurs de l'Eglise. Mais les Hospitaliers méprisant une origine Judaïque, comptoient entre leurs Fondateurs Abraham, Loth & Laban; car quoi qu'il eût le caractere d'un homme perfide, il ne laissoit pas d'être *Hospitalier*; & l'Auteur avoit le fouet à la main, si on ne vouloit pas l'en croire sur sa parole; car il menaçoit de découvrir deux mille erreurs dans les Actes des Saints du Pere Papebroch, s'il ne lui faisoit pas justice sur l'antiquité de son Ordre.

Deux raisons m'ont fait entrer dans cette espece de digression. L'une est la jalousie d'antiquité qu'ont les Chevaliers, comme les Moines sur leur institution. L'autre, qu'un Historien d'une grande & vaste lecture, m'a accusé d'avoir retranché les Therapeutes de l'Ordre des Moi-

L'an 1696.

Le Pere Eliot, Hist. des Ordres Monasti-ques.

Moines, par préjugé de Religion, &
afin de ne donner pas une si grande antiquité aux Ordres Monastiques. Je déclare en deux mots, que je suis si peu
prévenu sur cette antiquité, que je l'ac-
corderois sans repugnance à tous les Ordres, si cela s'accordoit avec la vérité.
Je crois qu'il y a eu dans tous les siécles
des hommes qui ont vécu dans la retrai-
te, & peut-être dans les deserts: pourquoi
refuseroit-on cet honneur aux Chrétiens, qu'on ne peut contester aux Drui-
des & aux *Dervis*, qui se chargent vo-
lontairement d'abstinences afreules ? Si
on cherche des Solitaires, je consens
qu'on en trouve dans tous les siécles depuis la création: mais qu'on mette dans
ce rang le Patriarche Abraham avec ses
trois cens valets portant les armes, Loth
incestueux avec ses filles, Laban perfide & trompant Jacob. Il est encore
moins concevable que chaque Ordre qui
a ses régles & ses Fondateurs particuliers,
s'oublie assez pour courir après des om-
bres; & que le nom de la Montagne de
Carmel suffise pour se faire les enfans
d'Elie, parce qu'il y alloit souvent, &
que sans avoir égard aux régles & au genre de vie qui distingue chaque Ordre,
on veuille se faire honneur d'Instituteurs
chimeriques, parce qu'ils ont eu de la
reputation dans l'Eglise Judaïque. En effet, je ne nie point que les Therapeutes ne fussent des Moines & des Solitaires,

res, mais je m'infcris contre leur Religion, & je foutiens que ces Moines étoient Juifs, & qu'ils n'avoient pas feulement une ombre de Chriftianifme. Philon qui nous en donne une idée fi avantageufe, ne l'auroit pas fait, s'ils avoient été Chrétiens, il ne l'a jamais été luimême, & il avoit écrit cet Ouvrage avant Jefus-Chrift, & fon voyage de Rome.

Parlons prefentement de l'antiquité des Ordres de Chevalerie, qui n'eft pas moins imaginaire, que celle de plufieurs Ordres Monaftiques.

On a fuprimé la Lettre que le Marquis Maffei, homme fouverainement habile, écrivit l'an 1712. fur *la Fable de l'Ordre des Chevaliers de Conftantin;* par-ce que ce favant homme démontroit trop évidemment, ce qu'il avoit entrepris de prouver. Voici le fait: on prétend que Conftantin le Grand ayant battu Maxence, reçut l'an 312. ou 314. l'avis de Dieu, d'inftituer un Ordre de Chevalerie pour la défence de la Religion Chrétienne; & comme cet ordre fut aporté du Ciel par un Ange qui tenoit une Croix d'or, avec ces paroles fi connues, *in hoc figno vinces,* Conftantin apella les Chevaliers qu'il inftitua, *Angeliques & dorez.* On a deterré à Rome une pierre, fur laquelle on voit une origine fort differente de cette Chevalerie; car Conftantin y paroît affis fur fon Trône, donnant

nant

De Fabula Equeftr: Ordinis Conftantiniani, Scipionis Maffei Marchionis Epift. Tiguri. 1712. 4.

nant le colier à plufieurs Chevaliers, &
on y lit ces paroles, *après que Conftantin
très-grand Empereur a été gueri de la Le-
pre, il a créé* Milites, *les Chevaliers |dorez
pour la défenfe du Nom Chrétien.* La le-
pre & le baptême de Conftantin par Syl-
veftre font imaginaires, & le titre de
Soldats & d'Ecuyers, Milites & Equites,
étoit fort inconnu en ce tems-là. Afin de
rendre cetteChevalerie plus confiderable,
on dit que Conftantin lui affigna diverfes
Commanderies en Orient & en Efpagne,
& ce Prince en fut bien recompenfé, par
les fervices importans que les Chevaliers
lui rendirent en diverfes occafions, &
particulierement au Siége de Conftantinople, où quinze cens perirent après s'ê-
tre fignalez. Le Pape Saint Leon écrivit l'an 456. à l'Empereur Marcien, lequel après avoir reçu la confirmation
Pontificale, mit cet Ordre fous la régle
de Saint Bafile. Tous ces faits font évidemment faux; car il n'y a pas un feul
Hiftorien de l'Antiquité qui ait parlé de
cette prétendue inftitution par Conftantin. Les Chevaliers ne pouvoient pas fervir à la prife de Conftantinople, puis
qu'elle ne fut bâtie qu'après le Concile
de Nicée, & les Commanderies ne font
connues que depuis Leon IV. Quoi qu'on
affure que les Lettres du Pape Leon &
de l'Empereur Marcien foient dans les
Archives de Rome, elles n'en font pas
moins fupofées; & le Monument de pierre

re fur lequel on fe fonde, eft rejetté par
les Antiquaires, comme fabriqué par un
Ouvrier moderne. Enfin, comme les
Statuts de cet Ordre imprimez à Trente l'an 1624. font les mêmes que ceux que
l'Empereur Ifaac Ange Commene fit
l'an 1190. il y a beaucoup d'aparence
qu'il eft le premier Fondateur de cette
Chevalerie: c'eft pourquoi on a prefque
toûjours tiré de fa Maifon les grands
Maîtres de l'Ordre. On voit par là qu'il
n'y a point de démonftration qui puiffe
arrêter la crédulité des hommes: car,
quoi que le Marquis Maffei ait produit
une bonne partie de ces raifons, l'Ordre ne laiffe pas de perfeverer dans fon
entêtement d'antiquité. La plupart des
Commanderies font en Orient fous la
domination des Ottomans & par confe-
quent fort fteriles. Les Grands-Croix
& les Chevaliers qu'on reçoit, font
obligez de reciter la Confeffion de Foi
que le Pape Pie IV. a dreffée l'an 1564.
ils font vœu de défendre les Veuves &
les Orphelins, de fuivre l'étendard de la
Milice Conftantinienne de St. George',
de combattre courageufement pour la
Religion & pour l'Eglife, d'être hum-
bles autant qu'ils le pourront, & de donner quelque chofe à l'Ordre en mourant.
Ange Comnene a cedé la Maîtrife de
l'Ordre au Duc de Parme, il étoit le dernier de la Maifon.

E   CHA-

C H A P I T R E IX.

Inſtitution des Chevaliers de St. Geor-
ge, refutée.

LEs Chevaliers de St. George ſont un
Ordre ancien & riche, qui s'eſt répan-
du de l'Orient à l'Occident. Le Saint
qu'on a pris pour Patron, eſt fabuleux,
onſdit qu'il a ſouffert le martyre en Per-
ſe ſous Diocletien ; mais il y a deux défauts eſſentiels dans les Actes de ſa mort:
l'un, qu'ils ont été compoſez par les
Ariens, leſquels les ont chargez de tant
de miracles extravagans, que le Pape
Gelaſe fut obligé d'en défendre la lecture. L'autre, qu'on le confond avec ce
fameux Evêque Arien, qui fut ſubſtitué
à Saint Athanaſe dans le Siége d'Alexandrie, où il exerça mille violences, & ſelon toutes les aparences c'eſt un même
homme, dont on célébre la memoire.
En effet, l'un & l'autre portent le même
nom de George : l'un & l'autre étoient
nez en Cappadoce. George prenant poſ-
ſeſſion de ſon Evêché, entra dans Alexandrie armé de toutes pieces en Chevalier, & on repreſente l'autre, combattant à cheval contre le Démon. Enfin,
George d'Alexandrie fut maſſacré par
les Payens, ainſi il eut une eſpece de
martyre, comme l'autre. Baronius qui
avoit

avoit trouvé au Vatican ces Actes faits
par les Ariens, les a rejettez, parce qu'ils
font pleins d'impostures ; mais il suit d'autres Relations qui n'ont pas plus de cer-
titude, & puifqu''il a méprisé les Actes
Grecs, parce que les Ariens font fouffrir à
Saint George le Cappadocien, Patriarche
d'Alexandrie, un trop grand nombre de
suplices, par lefquels on ne put lui ôter
la vie, il devoit par la même raifon effacer ces vers de Venantius Fortunatus,
qui font le monument le plus authenti-
que en faveur de Saint George, & qui
font tirez des Actes Ariens ; car on y
fait mourir aufli George par un trop
grand nombre de suplices differens.

Carcere, cade, fiti, vinclis, fame, frigore,
*   flammis,*
Confeffus Chriftum duxit ad Aftra caput,
Qui virtute potens Orientis in arce fepultus
*   Ecce fub occiduo cardine præbet opem.*

Le Poëte a encore oublié fon veritab-
ble genre de mort, car il dut avoir la tête trenchée. Enfin on fe repofe avec trop
de confiance fur les miracles d'un Saint,
dont aucun des anciens Peres n'a parlé.

Ce Saint, dont la mémoire ne s'eft con-
fervée que dans les Martyrologes des
Ariens, n'a pas laiffé d'avoir une grande réputation, de l'Orient il a paffé dans
l'Occident, & il y a formé un Ordre
de Chevalerie fort illuftre. Il y avoit à

Conf-

Conftantinople un Monaftére fameux de
St. George dans le quartier de la Mange,
que l'Empereur Conftantin Monomaque
fit rebâtir l'an 1042. afin de cacher à
l'Imperatrice qui l'avoit fait monter fur le
Trône, fes amours & les vifites frequen-
tes qu'il rendoit à Scleræne fa maîtreffe,
fous pretexte d'aller voir les progrès de
ce Monaftére, auprès duquel elle avoit
fes apartemens. Ifaac Comnene ne ref-
pecta ni la beauté de l'édifice, ni la gloire du Martir, car il l'abatit, & fit élever fur fes ruines une Tour : mais il fut
rebati, & le Comte de St. Paul *fu enter-*
rez à mult grant honor au moftier Monf-
gnor St. George de la Mange ,   lors que
les François prirent Conftantinople : &
l'Empereur Jean Cantacuzene s'y étant
retiré pendant quelque tems, l'enrichit
par fes donations. Les Reliques de ce Saint
furent aportées en Occident, & les miracles qu'elles faifoient, donnerent lieu à
l'Ordre de Chevalerie qui porte fon nom.
Comme les fuperftitions qui ont de foibles commencemens, groffiffent à proportion de leur cours, on crut d'abord
à Rome que St. George étoit un des
faints Patrons des Guerriers, avec St.
Maurice Chef de la Legion Thebaine,
& St. Sebaftien : c'eft pourquoi on avoit
un Office particulier pour eux, afin d'a-
tirer leur fecours contre les en nemis de
l'Eglife. On fit enfuite une image de St.
George qui embarraffe Baronius, parce
qu'il

Ville-
Hardoüin
n. 178.
an. 1204.
Nicetas
in Ifaaco.
L. III. n.
v. Johan.
Cantacuz.
L. IV. c.
XVI. an.
1345.

qu'il ne peut en déveloper le sens : on y
voit St. George monté sur un cheval,
qui perce un Dragon de sa lance, & une
Vierge qui lui tend les mains pour implorer son secours. On ne peut deviner
s'il faut donner à cette peinture un sens
mystique, ou si elle represente quelque
Province ou quelque Eglise particuliere, qui demande le secours d'un si grand
Saint contre le Démon : ou si dans le sens
litteral St. George a percé le Démon
dans un combat qu'il essuya contre lui
sous la forme d'un Dragon. Presque tous
les Interpretes soutiennent le dernier sens,
& un Historien Grec raporte que l'Empereur Andronic étant à l'Eglise pendant la nuit, on vint lui dire qu'on avoit
entendu auprès du Louvre un hennissement de cheval si terrible, que tous les
Officiers de la Cour en avoient été éfra-
yez, d'autant plus qu'après plusieurs
perquisitions, on n'avoit pu découvrir
aucun cheval dans le voisinage du Palais. La surprise redoubla, lors qu'on
entendit un second hennissement, plus
terrible que le premier. L'Officier qui
étoit auprès de l'Empereur, saisit prom-
tement l'occasion de le féliciter, en lui
disant, que ce cheval lui annonçoit de
grandes victoires par son hennissement,
parce que c'étoit le cheval sur lequel St.
George étoit monté dans son tableau,
qui avoit henni. L'Empereur en tira un
présage contraire ; car, disoit-il, nous

E 3   avons

Nicephor.
Greg.
Hift.
Byz. L.
VIII. p.
187.

avons apris que ce même cheval de St.
George hennit fortement, lors que mon
Pere enleva Conftantinople à l'Empereur Baudouïn, & qu'il en fut tellement
épouvanté, qu'il ne fit qu'une très-mol-
le défenfe.   Voilà les fondemens de la
Chevalerie de St. George, dont l'Ordre
eft devenu fi nombreux & fi puiffant. Le
faint Ufurpateur du Siége d'Alexandrie
y eft entré à cheval, le cafque en tête &
l'épée à la main, pour chaffer St. Atha-
nafe. Monté fur ce même cheval, il a
combatu le Diable caché fous la figure
du Dragon, & l'a percé de fon épée:
l'image de fon cheval auffi miraculeux
que lui, predifoit par fon henniffement
les malheurs de l'Empire. Pierre de Vo-
ragine, Legendaire crédule à l'excès,
a raffemblé toutes ces Fables, & les Guerriers, ncore plus crédules, ont adoré ce
faint Arien comme leur Patron.

Lors qu'on a digeré toutes ces Fables,
il refte encore une dificulté fur l'Infti-
tuteur de l'Ordre de St. George.   Nous
avons déja parlé de celui de Conftantin,
dont le Grand-Maître & lesGrands-Croix
portent un St. George; mais cela ne fuffit pas, parce qu'on ne connoît pas l'o-
rigine de cet ufage. En effet, St. George
Martyr en Perfe, ou maffacré à Alexandrie, n'a jamais penfé à l'inftitution des
Chevaliers de fon nom : St. Bafile a penfé
encore moins à dreffer une régle, pour
ceux qui devoient y entrer. Les combats

con-

contre le Démon, & l'image de ce cheval hennissant, sont des fables qu'on doit siffler ; & l'autorité de l'Empereur Jean Cantacuzene, que le Pere Papebroch cite sur l'institution de cet Ordre, est inutile, parce qu'il dit seulement, qu'il sit l'honneur à quelques personnes de l'Armée Latine, de les faire Cavaliers, *Milites*. Cette marque de distinction que l'Empereur donnoit aux soldats Allemands, étoit fort differente de l'institution d'un Ordre de Chevalerie. Il est vrai qu'on en sit la cérémonie dans l'Eglise de St. George; mais ce St. George étoit fort different de celui dont nous avons parlé ; car on le distinguoit par le titre de *Palaicastrite*, c'est à dire, qu'il étoit Patron, ou né dans une ville de Candie. Enfin, l'Empereur Cantacuzene n'a pu instituer cet Ordre de Chevalerie, qui étoit connu, même en Occident, avant son Regne.

Papebrochius ad diem 23. April.

Joh. Cantac. L. III. Pontani Notæ ad Cantac.

Je ne parlerai point de l'institution de vingt-cinq Chevaliers, par Guillaume le Pieux Duc d'Aquitaine, quoi qu'on ait assuré positivement que l'Acte en subsiste encore, & que Mr. Justel l'ait cru véritable : l'un dit, que ces Chevaliers avoient été créez pour la *défense de la Foi Chrétienne*: & l'autre, qu'ils étoient obligez de faire la guerre contre les Normans. On ajoûte que ces Chevaliers furent peu de tems après convertis en Chanoines de l'Eglise de St. Julien à Brioude ;

An. 858.

Bisly, Hist. de Poitou.

Justel, Hist. de la Maison d'Auvergne.

E 4

de. C'eſt ce qui en découvre la fauſſeté, car on voit dans le Cartulaire de cette Egliſe, une donation du Vicomte Etienne, afin que Dieu *diminuaſt tant ſoit peu les pechez de ſon frere Rigaud. Ut aliquantulum de peccatis illorum minuere dignetur.* Par laquelle il paroît qu'il y avoit auparavant des Chanoines à Saint Julien de Brioude, & que Guillaume I. Duc d'Aquitaine en étoit l'Abbé. Il prend lui-même le titre de Recteur du Chapitre de St. Julien, parce qu'en ce tems les Laïques, même les femmes mariées, retenoient le revenu des Abbayes que leurs maris & leurs ancêtres avoient fondées, ou que les Rois de France leur donnoient. Les grands Seigneurs vivoient des biens de l'Egliſe, & n'en laiſſoient qu'une petite portion à ceux qui étoient chargez du Service de Dieu, & chacun s'empreſſoit à retenir dans ſa Maiſon les Benefices qu'on leur avoit accordez. Enfin, Mr. Baluze qui a deterré pluſieurs Actes de Guillaume Duc d'Aquitaine, & qui lui donne de ſi grands éloges, comme au Fondateur de Cluny, & du riche Prieuré de Saucillanges, n'a point parlé de cette inſtitution de Chevaliers, parce qu'il a regardé la piece dont parle Biſly, comme fauſſe, & qu'il étoit trop exact & trop ſincere pour aimer l'impoſture & la fable.

Extrait du Cartulaire de l'Egliſe de Brioude, dans l'Hiſt. de la Maiſon d'Auvergne, par Mr. Baluze. L. 11. preuves Ch. 11. p. 9.

Abbas ſuper Catervam S. Jul. ego Guill. Comes & Rector ſuper ipſam catervam &c. ibid.

Ibid. Preface. Sunt apina tricæque & ſi quid vilius iſtis.

C H A-

CHAPITRE X.

Veritable origine des Ordres de Chevalerie & des Chevaliers.

AFin de trouver la veritable origine des differens Ordres de Chevalerie, il faut defcendre aux tems des Croifades, pendant le XII. fiecle. La dévotion & la charité de quelques Marchands d'Amalfi, qui trafiquoient en Judée, les engagea de bâtir une Eglife, qui a porté longtems le nom de *la Latine*, parce que ces Marchands y conferverent leur langue & leurs Rites dans le Service : ils bâti-rent auprès de cette Eglife un Hôpital confacré à St. Jean l'Aumonier; afin de recevoir les malades & les Pelerins qui venoient en foule, vifiter le faint fepulchre. On ne peut citer un témoin mieux inftruit de ce fait que Guillaume de Tyr, qui écrivit dans le même fiecle, & qui dit deux chofes : l'une, que comme c'é-toient des Marchands Latins qui avoient fondé ce lieu, & qui y confervoient leur Religion, on apelloit encore de fon tems ce lieu, *le Monaftére de la Latine*. L'autre qui regarde plus précifement notre fujet, eft, que ces Hôpitaliers qui avoient eu de fi petits commencemens, devindrent riches, & leur première démarche fut celle de fe fouftraire à la jurifdiction de l'Abbé du Monaftere de la Latine; &

Guill. Tyr. L. XVIII. C. 5. & 6.

E 5 leur

leur puiſſance s'étant augmentée à l'infini, l'Egliſe Romaine les émancipa de
celle du Patriarche de Jeruſalem. *Sic er-*
go, dit l'Hiſtorien qui doit être cru préferablement à tous les autres, *de tam*
modico incrementum habentes prædicta do-
mus fratres prius à juriſdictione ſe ſubſtra-
xerunt Abbatis, deinde multiplicatis in im-
menſum divitiis, per Eccleſiam Romanam à
manu & poteſtate Domini Patriarcha ſunt
emancipati.

Lors que les Princes Croiſez entrerent dans la Terre Sainte pour en faire
la conquête, les Hoſpitaliers prirent les
armes pour eux ; les uns demeuroient
toûjours attachez au ſoin des malades,
& ils recevoient dans leur ordre des Lepreux, afin d'avoir ſoin des autres, &
le Grand-Maître devoit l'être, juſqu'à
ce que tous les malades qui étoient reſ-
tez dans l'Hôpital de Jeruſalem, ayant
été maſſacrez par les Infideles, & l'Or-
An. 1153. dre obligé de ſe retirer en Italie, Innocent IV. les diſpenſa de la premiere inſtitution, & leur permit d'élire un Grand-
Maître, d'une pleine & vigoureuſe ſan-
té. Ceux qui avoient de l'inclination
pour la guerre, s'armerent & ſe diſtin-
guerent par des actions de valeur, qui
leur attirerent en peu de tems une grande reputation. Voilà l'origine de l'Ordre des Hoſpitaliers, ou de St. Jean de
Jeruſalem, qu'on peut regarder comme
le premier de tous.

　　　　　　　　　　　　　　　Cet

Cet exemple fut suivi très-promptement ; ceux à qui on avoit confié la garde du saint Sepulchre voulurent devenir Chevaliers & se distinguer comme les autres. Baudouïn I. qui venoit de succeder à Godefroi de Bouillon son frere leur accorda cet honneur, parce qu'on vouloit multiplier le nombre des défenseurs de Jerusalem & de la Terre Sainte.

1111.

L'Ordre des Templiers parut dans le même tems ; Baudouïn leur avoit donné un apartement dans son Palais, proche du Temple, dont ils tirerent le nom de leur Ordre : ils eurent beaucoup de peine à s'établir, & ils virent couler neuf années entieres sans recrue ni augmentation de leur Ordre : mais enfin ils triompherent des obstacles par leur valeur & leur perseverance. Ils alloient battre la campagne, afin d'assurer la route des Pelerins contre les Infideles, qui les massacroient, lors qu'ils les trouvoient en petite troupe. Ils aquirent des biens infinis, particulierement lors qu'ils eurent repassé en Occident, ou leurs trésors exciterent la jalousie des Princes & des Conciles, & firent naître aux Rois le dessein qui réussit de les massacrer, afin de s'enrichir de leurs dépouilles.

1119.

Comme la Chevalerie devenoit alors fort à la mode, on vit naître la même année un quatriéme Ordre, qu'on apella Teutonique. Un Seigneur Allemand qui voyoit que les malades de sa Nation étoient

toient maltraitez dans des Hopitaux où
leur Langue n'etoit pas (connue, érigea
un Hôpital pour eux; il devint bien-tôt
riche par les aumônes abondantes qu'un
grand nombre d'Allemands y porterent.
Mais en entrant dans cette Communauté
nouvelle, ils firent un vœu de combattre toute leur vie les ennemis de Jefus-Chrift. Le Pape Celeftin III. les érigea en Ordre Militaire, l'an 1191. uniquement pour la Nation Allemande, &
fous la Regle de S. Auguftin. Ils repaf-
ferent en Occident avec l'Empereur Frederic II. qui les envoya conquerir la Pruffe, parce qu'elle étoit habitée par des
Infidelles, ou plutôt, parce qu'il vouloit leur donner de l'occupation, & n'ê-
tre pas chargé de gens dont la valeur oi-
five devint incommode. Ils n'étoient que
2000. hommes d'armes fous Salza leur
Grand-Maître; mais le Marquis de Turin-
ge leur amena une Armée de vingt mille
hommes. Après être entrez dans l'Ordre,
ils fe rendirent bien-tôt maîtres de la
Pruffe, où ils bâtirent Mariembourg, à
l'honneur de la Vierge Marie qu'ils
avoient choifie pour Protectrice.

Ce fut le paffage de ces Chevaliers en
Occident qui y raporta la fureur des
Duels, & qui transformerent cette fureur en Art & en Science. Ils combattoient quelquefois par troupes; mais ils
s'aviferent bien-tôt de courir feuls, de
chercher des avantures particuliers, afin
de

de se distinguer par des actes de valeur contre les Geans, les Infidelles, ou ceux qui avoient quelque reputation de courage. D'ailleurs, on se chargeoit de reparer les torts, & ces torts dépendoient de l'imagination & du caprice des Chevaliers qui regardoient la querelle d'un ami, comme un outrage fait à l'honneur qui devoit être vangé; ils se mettoient aux champs pour une Maîtresse; la jalousie du Rival les portoit à la fureur, & comme ils avoient les armes à la main, ils étoient toûjours prêts à se battre, & se battoient très-souvent. Comme c'étoit là un moyen d'acquerir de la gloire & des recompenses, lors que les Ordres se furent enrichis, la jeunesse avoit un grand empressement d'y entrer. On briguoit cet honneur, un jeune Chevalier admis nouvellement dans l'Ordre, cherchoit à rompre une lance contre le premier venu; il alloit attaquer brusquement ceux qui avoient de la réputation, afin d'en acquerir par ce moyen. Comme il falloit faire des caravanes & des actions d'éclat, pour mériter l'estime & la distinction dans l'Ordre, la Jeunesse ne s'occupoit que du funeste dessein de se battre & de tuer. D'ailleurs, c'étoit une des maximes fondamentales de la Chevalerie, de ne pouvoir souffrir aucun outrage, & d'être obligé de l'expier par le sang de celui qui l'avoit fait.

CHA-

C H A P I T R E XI.

Des régles de la Chevalerie & des Duels,
faites par les Jurisconsultes & les
Theologiens.

LA Jeunesse qui ne pouvoit pas entrer
dans les Ordres anciens devenus fameux par la valeur & les combats de
leurs Chefs, se rangerent sous un Capitaine qui avoit acquis quelque reputation :
il se mettoit à leur tête, il les instruisoit
& leur aprenoit l'Exercice des Armes,
ils étoient quelquefois à sa Solde, lors
qu'il s'agissoit de faire une conquête ou
un coup important. Alberig Balbiano,
Connêtable du Royaume de Naples, fut
un des premiers qui établit cette nouvelle espece de Chevalerie ; car se voyant
accablé par les Troupes que les Empereurs & les Papes d'Avignon envoyoient
en Italie, & qui la ruinoient, il assembla quelques habitans du pays, dont il
fit autant de Chevaliers, sous l'étendard
de St. George ; ces gens-là après avoir
chassé les Ultramontains, furent fort
desœuvrez, parce qu'ils étoient accoutumez au carnage, & qu'ils ne vivoient
que de pillages, ils se debanderent &
coururent le pays. A leur imitation s'éle-
verent plusieurs autres Compagnies de
Chevalerie, qui eurent le même sort,

c'est

c'eſt pourquoi Antonin les apelloit *des Compagnies de Voleurs.* Ces gens-là, qui étoient ſouvent d'une baſſe naiſſance, comme Carmaignole & Sforza, affectoient une ferocité barbare, ils ne pardonnoient à perſonne, ils cherchoient querelle avec tout le monde. Ainſi la fureur des Duels & des combats ſinguliers, ſe répandoit dans tous les ordres de perſonnes, & paſſoit de generation en generation, parce qu'on la regardoit comme le véritable moyen d'acquerir de l'honneur ou des richeſſes, & que de là dépendoient la gloire & la honte.

Frederic II. Roi de Sicile, ayant publié ſes Conſtitutions dans leſquelles il donna la préference aux Loix des Lombards, ces Loix devindrent le fondement de toutes les déciſions juridiques, on y fit d'amples Commentaires, ſouvent plus barbares que le texte même. Le Duel étoit autoriſé par ces Loix, comme nous l'avons déja remarqué. Mais les Juriſconſultes ſavans qui fleurirent en Italie, au XIII. & au XIV. ſiecles, établirent des régles pour les Duels, & pour les Chevaliers accoûtumez à ſe battre continuellement; & au lieu d'arrêter le deſordre on l'augmenta, par les fauſſes maximes d'honneur. Derius, Profeſſeur à Bologne, croit que ſes Commentaires ſur les Decretales & le Droit Canon, méritoient la Pourpre, & mourut de chagrin de ne l'avoir pas obtenue; il publia l'an 1260. une régle

pour

Maffei della Scienza chiamata Cavalleretica. Libri Tre, in Roma. 1710. An. 166.

pour la creation des Chevaliers, dans laquelle celui qui frape de l'épée, doit dire, *le coup que je vous donne est le dernier outrage que vous devez souffrir avec patience.* On animoit le Chevalier par ce moyen à la vengeance, lors même que les coups qu'on lui donnoit, étoient legers & innocens, & on lui faisoit regarder la patience comme une lâcheté, & la vengeance comme un des actes essentiels de la Chevalerie. Balde & Bartole, non seulement soutindrent l'équité des Duels, mais ils en firent des Loix, ils en dresserent les régles, ils se donnerent la peine d'examiner cent Questions sur cette matiere, & d'y faire des décisions propres à gâter l'esprit de la jeunesse, s'il ne l'avoit pas été. En effet, lors qu'on remarqua que les Duels devenoient une matiere Juridique, & que les plus grands hommes pesoient dans leur cabinet serieusement les Questions qui faisoient la matiere des combats, non seulement on se dépouilla de toute l'horreur qu'on pouvoit avoir pour eux ; mais on se persuada qu'ils étoient innocens, justes, & fondez sur des Loix autentiques.

Maffei della Scienza Cavalleresca. P. 244. &c.

III. On fait l'apologie de ces Auteurs si fameux, en disant, que la nécessité des tems, & la pratique générale des siécles où ils ont vêcu, les obligerent à écrire sur ces matieres, & que s'ils avoient vêcu dans un âge plus heureux, ils auroient proscrit le sentiment qu'i qu'ils ont appuyé. Mais cette apologie, quoi que fortie de la main d'un grand homme, eft foible ; car un bon Jurifconfulte ne doit pas plier fous la corruption du fiecle, où il vit ; il doit au contraire le corriger par fes fages avis. Cependant ces Savans faifoient la matiere de leur étude & de leur méditation, de l'abus le plus cruel, dans lequel les hommes puiffent tomber, & en faifoient l'objet de leurs queftions, comme fi elles étoient légitimes & Juridiques.

IV. Comme la Chevalerie devint la Science à la mode, il s'éleva un nouvel ordre d'Ecrivains, qui en releverent l'antiquité, la nobleffe, l'excellence, & en donnerent les régles en entrant dans un détail infini des cas, où l'on étoit obligé de défendre fon honneur, & défendu de pardonner à fon ennemi : c'eft ce que les Italiens apellerent *Scienza Cavallerefca.*

V. On entroit dans des détails fur la nature des injures, dont on ne peut être affez étonné ; on les examinoit felon toutes les régles de la Dialectique, & on y faifoit entrer les Prédicamens des Philofophes, *la qualité, la quantité, la relation, l'action, la paffion, la fituation, le mouvement & le bien.* Les menfonges & les dementis faifoient un autre fujet très-ample de décifions ; car il y en avoit d'affirmatifs, de négatifs, d'univerfels, de particuliers, de conditionels, d'abfolus, de pofitifs, de privatifs, de certains, de douteux ;

F

Le nombre de ces Auteurs eft fort grand, on peut en voir un affez long Catalogue dans Mr. du Cange.

On peut voir les e traits de ces Auteu & leurs m ximes dan le Traité Comte Maffei de Scienza C vallerefca. L. II. C. entier.

Voy. Ma della Scie Cavallere L. II. c. I

teux. Chaque espece avoit ses subdivisions; car il y avoit des mensonges & des dementis généraux pour la personne; il y en avoit d'autres généraux pour l'injure, & les troisiémes regardoient l'injure & la personne.

L'honneur ne pouvoit être défini qu'avec beaucoup de peine; car il falloit peser exactement la cause efficiente, la cause formelle, la materielle & la finale: c'est pourquoi on comptoit jusqu'à vingt definitions differentes, qui étoient toutes contestées. On peut juger avec quelle étendue on traitoit ensuite la matiere des Duels: on avoit imaginé cinquante formules de Cartels, qu'il falloit peser l'un après l'autre; il y avoit mille cas où il falloit accepter, & mille autres, sur lesquels on trouvoit beaucoup de difficultez; l'égalité & l'inégalité des conditions & des personnes, faisoient naître une infinité de spéculations & d'incidens. Une pareille Science prouve demonstrativement jusqu'où on a porté dans les Academies, ce déréglement de l'esprit humain, & il étoit impossible que ceux qui étudioient sous des Maîtres, dont l'esprit étoit si déreglé, ne tombassent dans un égarement de principes, de mœurs & d'actions.

An. 1450. VI. Pozzo, l'un des fameux Jurisconsultes de son siécle, se distingua par des décisions, qu'il publia, non seulement en Latin, mais en Langue vulgaire, afin

afin que personne n'en prétendît cause d'ignorance. Il ne se contenta pas de revêtir ses maximes de Grec & de Latin, en citant un grand nombre d'Auteurs anciens, mais il s'apuya sur l'autorité des Martyrs & des Peres : il soutint que Dieu même avoit autorisé le Duel de Caïn & d'Abel ; & son savoir le rendit si venerable, qu'on n'osa contredire *un homme si sage , si savant, un Docteur si excellent & si respecté.* Ce Docteur examinoit serieusement lequel devoit être regardé comme vainqueur, lors que l'un des combattans avoit perdu un œil, & l'autre avoit eu le nez emporté dans le combat, il cherchoit des expediens pour sauver l'honneur d'un homme qui mouroit après l'apel, & quelques jours avant le combat ; & cet expedient étoit, qu'une personne de sa famille devoit prendre sa place, & offrir de se battre, pour prouver qu'il n'étoit pas mort de peur. Comme il vouloit qu'on combattît avec forces égales, il demandoit que celui qui étoit vigoureux & fort, s'affoiblît, par le jûne & l'abstinence, si celui qu'il avoit apellé, étoit foible & languissant.

Lib. I. c. 15. l. 6. c. 21. l. 8. c. 25.

VII. Trois Auteurs differens se disputerent un même Ouvrage sur *l'Honneur,* qui est encore plus bizarre que celui de Pozzo. Jean Baptiste Fossevin fut le premier qui publia ce Dialogue ; son frere Antoine y fit des additions considerables : mais Bernard de la Mirandole le reclama

F 2   com-

comme une Piece qu'on lui avoit déro-
bée. Cet Ecrit est fondé sur l'autorité d'A-
ristote, dont on respecte tellement les sentimens, qu'on se fait un scrupule de s'en
éloigner. Mais on prouve que ce Philo-
sophe a établi la necessité des Duels &
les régles de cette Science.   On finit par
la composition d'un *Oremus*, qu'on doit
reciter avant le Duel, avec assurance
qu'on en tirera de grands secours, si on
promet à Dieu d'être plus devot après
avoir tué son ennemi.   On comprend
aisément que ces Maîtres de l'Art étoient
plus propres à corrompre l'esprit de la
Jeunesse, qu'à l'instruire.

VIII. Les *Romanciers* parurent au XV.
siécle, lesquels réunirent la haine & l'a-
mour, & firent de ces deux passions crimi-
nelles les principes de l'honneur: on ne
peut peindre les extravagances que ces
maximes romanesques enfanterent; l'esprit
s'acoutumoit à se repaître de chimeres,
on se faisoit une gloire de combattre pour
sa Maîtresse, de porter sa livrée, & de
la raporter teinte de sang ; & l'un & l'autre Sexe concouroit à rendre la fureur
des Duels & des combats singuliers plus
violente & plus excessive.

IX. On doit mettre entre les sources
de cette corruption, la liberté que les
Prêtres, les Religieux & les Evêques se
donnoient de se battre eux-mêmes, ou de
permettre aux autres de le faire. Les Evêques consultez par Clotaire, furent d'a-
vis

vis que ce Prince devoit offrir un Champion à la Reine Theutberge, pour défendre son honneur par Duel ; ils ordonnerent aussi le combat entre deux Gentilshommes du Pays Chartrain, qui se disputoient une Forteresse que l'un avoit bâtie sur la jurisdiction de l'autre. Enfin, ils se sont attribué le droit d'ordonner les Duels, comme faisoient les Seigneurs temporels dans leur domaine, ce qui fait une preuve demonstrative de leur aprobation. Les Papes, dont les Loix ont été fort respectées, donnoient l'exemple aux Evêques. Pierre, Roi d'Arragon, se fit un honneur d'avoir été créé dans l'Evêché Chevalier, & *enrollé dans la Milice* par le Pape Innocent III. Le Royaume d'Arragon fut mis à l'interdit par le Pape Martin IV. & si on en croit Martinus Polonus, Alciat & Hottoman, qui ne doivent pas être suspects, il le fit, parce que Pierre d'Arragon avoit manqué à se battre en Duel contre Charles Roi de Sicile, comme on en étoit convenu. Ainsi c'étoit un crime chez le Pape que de ne se battre pas, & le défaut de comparition jugé criminel par Martin IV. fut puni, en mettant un Royaume à l'interdit. Le Pape Nicolas I. apelloit les Duels, *un combat légitime, & un conflict autorisé par les Loix*; & tant de Canonistes qui ont écrit sous leurs yeux sur cette matiere, n'auroient osé le faire, s'ils avoient redouté les Censures Pontificales. Enfin, le Concile de Salegunstad,

Mart. Pol. Chron. Andreas Alciat de singulari Certamine. Hottomannus Disput. de Feud. C. VII.

F 3   dans

Concil.
Salegun-
ftadiente.
An. 1002.
C. XIV.
L. IX. p.
847.

dans le Diocefe de Mayence, ordonna, que fi deux perfonnes font accufées d'adultere, & que l'un demande à s'en purger par le *Jugement Divin*, on le leur accorde, & que fi l'accufé perit on condamne auffi la femme comme coupable, ce qu'on apelle *le Jugement Divin*; c'eft le Duel que le Concile revêt d'un titre fi honorable. Il étoit difficile de remedier au mal, lors qu'au lieu de le regarder fous cette idée, on croyoit que c'étoit un moyen que Dieu avoit ordonné pour maintenir l'innocence, & on ne fe faifoit point un fcrupule de le croire, lors que l'Eglife compofée de Prêtres, d'Abbez, d'Evêques, de Papes & de Conciles, le décidoient ainfi.

X. Enfin, la tolerance des Rois a donné cours aux Duels; ils étoient bien aifes d'avoir dans leurs Etats un certain nombre de Chevaliers capables de leur faire honneur, & de fervir l'Etat, & par ce principe ils toleroient les excès, dans lefquels les Chevaliers & leurs femblables tomboient. On a fait certaines Loix en France contre les Duels, & même on a érigé des Tribunaux pour juger le Point d'honneur, & fatisfaire l'offenfé: mais les Maréchaux de France & les autres Juges dépofitaires de ce point d'honneur, en accommodant les Parties, infinuoient comme des Généraux remplis d'un efprit martial, qu'ils ne jugeoient que pour fatisfaire à la Loi, & qu'ils qu'ils ne prétendoient pas anéantir le courage ni le reſſentiment, ni enfin les autres voyes d'honneur, par leſquelles on pouvoit ſe ſatisfaire. Ainſi ils empê- choient rarement qu'un Brave fût la vic- time d'un inſolent ou d'un Breteur, qui ne ſe faiſoit connoître que par le nom- bre de ſes querelles. Les Rois même, juſqu'à Louïs XIII. & ſon Fils, n'ont fait obſerver les Loix que très-mollement. Un homme qui refuſoit un Cartel, n'o- ſoit paroître à la Cour, ou n'y paroiſſoit qu'avec confuſion : on louoit comme au- tant de braves ceux qui s'étoient défen- dus avec vigueur : on plaignoit & on donnoit aux morts des éloges publics qui animoient à la fureur une Jeuneſſe deja trop petulente. Ces Chevaliers autrefois ſi renommez ne ſubſiſtent plus, ou leurs vûes & leurs emplois ne ſont plus les mêmes. Ce torrent de Braves qui entrai- noit la Jeuneſſe, fait un tout autre uſage de ſa valeur, & ſi on conſideroit de ſang froid la nature des Duels, il ſeroit aiſé de faire reflexion ſur l'extravagance des motifs qui ont engagé les hommes à ha- zarder ce qu'ils ont de plus pretieux, c'eſt la vie ; à s'expoſer à tuer ou à mou- rir d'une maniere violente à la fleur de ſon âge. On devroit avoir honte de ces ex- cès paſſez & voir qu'ils ſont fondez uni- quement ſur des points d'honneur, leſ- quels dependent plus de l'imagination que du bon ſens & de la raiſon, & fondé ſur ce

faux

faux principe, que l'afront est reparé par la vengeance, ou bien sur de fausses idées de gloire, qui ont pu éblouïr les hommes dans des siecles barbares; mais qui font la honte de l'esprit & du cœur humain.

CHAPITRE. XII.

Des Personnes qui étoient obligées de combattre, & des raisons qu'on avoit de le faire.

AFin de mieux connoître l'emportement qu'on avoit pour les combats personnels, on peut entrer dans quelque détail, voir la maniere dont on les ordonnoit, & la nécessité qu'on imposoit aux differens ordres de personnes, de défendre leur droit par la voye des armes.

I. C'étoit un privilege & même un droit de Souveraineté, que celui d'ordonner le Duel. Les Vassaux n'avoient pas la gloire d'autoriser ces combats dans leurs terres, si elles n'étoient privilegiées. Cependant, il y avoit en Italie certains lieux qui étoient toûjours ouverts & destinez aux Duellistes, de quelque nation & de quelque qualité qu'ils pussent être; comme la Place de Perouse & la Charbonnerie de Naples. Cette derniere étoit devenue si fameuse, qu'on s'y rendoit de tous côtez, & non seulement les particuliers, mais les Peuples voisins y venoient décider leurs querelles;

les; c'est-pourquoi Pozzo regrettoit qu'on eût aboli ce droit, parce, disoit-il, qu'alors la ville de Naples florissoit, les Chevaliers & les Nobles éteignoient leur haine dans le sang, & plusieurs intimidez par l'idée du Duel devenu nécessaire, n'osoient outrager leurs ennemis; au lieu que la Religion & les ordres des Princes font pulluler les haines & les guerres intestines. Mais s'il y avoit des lieux toûjours ouverts, les Seigneurs ne laissoient pas de regarder comme un grand droit, le pouvoir de marquer le Champ de Bataille. Henri VI. accorda à la ville de Pavie l'élection des Consuls qui eussent *l'autorité de faire battre en Duel.* Mr. Leibnits a publié la Concession accordée par le Duc de Savoye à Sigismond Malatesta, de se battre & de faire battre en Duel, dans toute l'étendue de son territoire; & le Pere Mabillon remarque, qu'une Paroisse du Comté de Dunois soutenoit fortement, qu'elle avoit toûjours été exempte de certains impôts, & qu'elle avoit le droit du Duel; c'est-pourquoi on venoit de tous les Villages voisins à l'audience du Seigneur du lieu, soit pour demander *l'épreuve du fer chaud, soit pour se battre en Duel.* Les Chanoines de St. Merry d'Angers, portoient dans leurs armes deux Champions combattans, afin de montrer, qu'ils avoient le droit de Haute Justice, & celui d'assigner les Duels, parce que c'étoit alors un privilege.

F 5

Pozzo L. l. c. IV. 6.

Leibnits, Codex Jur. Diplom.

Choppin in Consuet. Andegav.

lege. Ainſi bien loin de ſe faire un deſhonneur d'autoriſer de ſemblables combats, on regardoit comme un droit de Souverain de pouvoir les ordonner. Quelle conſolation & quel honneur, pour un Seigneur de Fief, de pouvoir ordonner à ſes Vaſſaux de ſe battre & de s'entretuer ſous ſes yeux !

II. Lors qu'il naiſſoit un procès important, ſoit d'injure, ſoit d'intêret, toute la famille étoit obligée d'entrer dans la querelle de l'accuſé & de ſe battre, pour lui, & avec lui ; & c'eſt à cet ordre de Parens obligez de ſe battre, qu'ont ſuccedé les *ſeconds*, multipliez juſqu'à un nombre de vingt & de trente, les amis prenant la place des Parens, qui étoient revenus de cette extravagance.

III. En effet, on remarque dans les anciennes Chroniques de la Friſe, & particulierement du pays qu'on appelle aujourd'hui les Ommelandes, que lors qu'une femme étoit renvoyée par ſon Mari, ſur le ſoupçon de mauvaiſe conduite, ou qu'il naiſſoit quelque diſpute pour *le Conſulat de la Ville* de Groningue, & du plat pays, auquel les familles conſiderables de ce tems-là aſpiroient, tous ceux qui étoient du même ſang, prenoient les armes pour leur Chef. On citoit la Famille, ou même la Ville de Groningue à paroitre en armes dans un certain jour au lieu marqué ; une famille combattoit con-

Emonis Chronicon Menconis Chronicon.

contre l'autre, & le vainqueur renver-
foit le Château de fon Ennemi.

V. Mais outre ces efpéces de combats
& de petites guerres particulieres, la famille s'uniffoit pour venger la mort d'un
parent qu'on avoit tué. En effet, il n'y
a rien de plus commun chez les Allemands
& chez les anciens François que les *Fey-
des* ; les François appelloient ainfi les
querelles ouvertes, pour lefquelles on
appelloit fon ennemi au combat. Mais
le favant Mr. du Cange a remarqué cri-
tiquement, que chez les Nations Septen-
trionales, les querelles fe repandoient
dans toute la famille, laquelle fe croioit
obligée de pourfuivre par les armes, la
vengeance d'un Parent qui auroit été
tué ou affaffiné ; & que c'étoit là propre-
ment ce qu'on apelloit la *Feyde*. Il falloit donc que toute une famille entrât
dans l'injure faite à une feule perfonne,
ce qui rendoit les combats perfonnels plus
nombreux, plus inévitables, & plus frequens ; car il étoit impoffible que dans
toute une famille, il n'y eût perfonne
qui fe piquât d'honneur dans un tems
où l'honneur faifoit la paffion dominan-
te ; & lors que plufieurs fe piquoient d'obtenir la vengeance d'un afront, on voioit
fur le Champ de Bataille, un grand nombre de perfonnes & de morts.

VI. Afin de pouffer la bizarrerie jufqu'où
elle pouvoit aller, on foumettoit toutes
fortes de perfonnes à la Loi des Duels.

Rhenanus,
Rer. Germ.
L. III. p. 95.

Il

Il y a eu de la conteſtation ſur les Bâtards. Ceux de Prêtre étoient exclus; mais
comme on a vu pluſieurs Bâtards acquerir une grande réputation de valeur dans
les Duels, on les a enfin admis, principalement lors qu'ils étoient Fils de Prince ou de Roi ; & les plus ſcrupuleux
Duelliſtes ſe ſont contentez de conſeiller
aux Grands Seigneurs de faire legitimer
leurs Bâtards, afin de les rendre dignes
de la Chevalerie & de l'honneur des
Duels. Les femmes ont eu quelquefois
le courage de ſe battre, & celles qui ne
pouvoient pas le faire en perſonne, étoient
obligées de donner des Champions pour
ſoutenir leur cauſe. Nous avons vu le
Comte Bernard s'offrir pour être le Champion de l'Imperatrice Judith. L'Hiſtoire
eſt chargée d'un nombre infini de pareils
exemples. Les Femmes devoient avoir
le conſentement de leurs Maris. Mais
lorſque c'étoit lui qui accuſoit, ou qu'elle devenoit libre par la viduité, on recevoit ſon gage de bataille & ſon défi,
comme celui des autres perſonnes.

La Berau-
dicie,
du Com-
bat de
ſeul à
ſeul. Ch.
IX,

VI. Les Prêtres, les Abbez & les E-
vêques étoient ſoumis à la même Loi,
ils s'armoient quelquefois, afin de ſoutenir eux-mêmes leurs prétentions. Huë
Abbé de Fleury ſur Loire, ſe battit contre le Champion d'Iſembert, qui ſoutenoit que l'Abbaye lui apartenoit, & le
chargea ſi vivement qu'il fut obligé de
quitter ſes armes, & d'avouer qu'il étoit
vain-

vaincu. Un Moine nommé Anselme Beesle, Thrésorier de l'Eglise de Laon, fut accusé d'avoir volé plusieurs pieces du Trésor, & la preuve du vol étoit évidente, puis que l'Orfévre auquel il les avoit vendues, déposoit contre lui: mais il apella l'Orfévre en Duel & le vainquit, parce que Dieu vengea le parjure que l'Orfévre avoit commis, en promettant à Anselme de ne reveler jamais le vol. Ainsi Dieu, jugea alors, que le faux serment d'un Laïque étoit un crime plus digne d'un châtiment exemplaire, que le sacrilege d'un Moine Thresorier, qui avoit pillé l'Eglise. Mais la Providence varioit quelquefois dans ses jugemens, car il y avoit des cas où elle punissoit les Ecclesiastiques préferablement aux Laïques. Pierre Damien en donne un exemple considerable. Un Seigneur de Bourgogne fit apeller en Duel un Clerc, qui s'étoit aproprié l'Eglise de St. Maurits; cette Eglise meritoit qu'on se battît pour l'avoir, car elle étoit richement dotée; elle n'apartenoit peut-être à aucun des prétendans, du moins il paroissoit que le Seigneur Laïc redoutoit le succès; il fit épier la contenance du Prêtre le jour du Duel, l'espion raporta qu'il avoit trouvé le Clerc qui entendoit la Messe, mais qu'à la fin de l'Evangile du jour, où l'on avoit lu cette maxime, *celui qui s'élevera sera abaissé*, *& celui qui s'abaissera sera élevé*, le Clerc avoit eu l'insolence

Anonymus, de Miraculis S. Benedicti.

Anonymus in Lib. Ecclesiae Laudunensis.

Aldrevaldus, de Miraculis S. Benedicti. L. I. c. XXV.

lence de dire, cela est faux ; *car si je me fusse humilié devant mes ennemis, je ne serois pas aussi riche que je le suis.* Le Seigneur prit ce Blasphême pour un presage de sa victoire : en effet, il perça la bouche & la langue du Clerc qui tomba mort à ses pieds. Voilà les Clercs punis pour des paroles insolentes, plutôt que pour un vol sacrilege. Enfin, il arrivoit que Dieu punissoit miraculeusement ceux qui s'oposoient aux Duels. Voici un exemple considerable. Le Roi de France avoit commis Jonas Evêque d'Orleans, & le Comte de Milli, pour terminer un different que les Avocats de St. Denis & de St. Benoît avoient sur des esclaves , ils ne purent décider , & renvoyerent la cause aux Juges d'Orleans & du Gâtinois , dont les avis furent partagez ; le Duel fut ordonné comme plus décisif : mais un Docteur Gâtinois gagné par l'Abbé de St. Denis, soutint, qu'il n'étoit pas juste de se battre pour des Biens Ecclesiastiques , & qu'il étoit plus à propos de partager les esclaves contestez. On ne pouvoit rien dire qui fût plus raisonnable ; cependant Dieu rendit ce Docteur muet pour le punir de s'être opposé au Duel : il eut recours à St. Benoît qu'il avoit offensé, lequel s'apaisa , & lui rendit l'usage de la langue , excepté qu'il ne put jamais prononcer le nom de St. Benoît.

VII. Les Lepreux, les malades & ceux qui

qui n'avoient pas atteint encore vingt-un an, ou qui paffoient foixante ans, pouvoient s'en exempter ; cependant on obligeoit quelquefois les Vieillards & les infirmes à reprendre le harnois pour fe battre ; car c'etoit là un des excès qu'Agobard Archevêque de Lion, lequel a fait un Traité exprès contre les Duels, reprefentoit fortement, *qu'on forçoit les perfonnes âgées & malades à combattre.* Il faut avouer qu'on pouffoit alors la neceffité des Duels bien loin, puis qu'on obligeoit ceux même qui par leur fexe, leur âge ou leur caractere, ne pouvoient accepter le défi, à nommer des Champions & à fe battre par Procureur, ou par euxmêmes.

VIII. On étendoit la Loi jufqu'aux Princes du fang Royal, avec cette exception, que les *Fils de Roi* ne devoient pas fe battre pour des *interêts civils,* comme les Procès de meubles, de troupeaux ou de terres. Mais lors qu'on les accufoit d'avoir fait tuer, ou tué euxmêmes un Seigneur, ou qu'ils accufoient un autre, il falloit fubir la Loi, en tel cas, dit un de ces Ecrivains Duelliftes, dont nous avons parlé: en tel cas convenoit que le Fils de Roi fe combattift à fon homme, *car les vilains cas font fi vilain,* que nul épargnemen ne doit être refervé vers celui qui acc :fe: Beaumanoir, Baillif de Clermont, qui vivoit l'an 1282. dit la même chofe ; la Beraudiere en excepte

La Beraudiere, du Combat de seul à seul en champ clos. C. V. p. 10.

te les Princes du sang, ou ceux qui sont d'une Maison Souveraine, mais il se trompe; car les Rois ne se sont pas exemptez de cette Loi. Je n'en citerai qu'un exemple: Charles Quint & François I. se haïssoient mortellement; l'Empereur accusoit le Roi d'avoir violé sa parole en ne lui rendant pas le Duché de Bourgogne, & voyant qu'il faisoit la *sourde oreille* à sa demande, il déclara à l'Ambassadeur de France, qu'il vouloit se battre seul à seul contre le Roi. L'Ambassadeur n'osa donner cet avis à son Maître, mais Charles le lui fit dire par le Heraut d'Armes, qui venoit lui déclarer la guerre. François I. l'ayant sçu, assembla tous les Princes, les Seigneurs de sa Cour, & même les Ambassadeurs étrangers dans la grande Salle du Palais, où assis sur son Trône il fit lire par un Secretaire d'Etat le Cartel suivant signé de sa main : que l'Empereur en accusant le Roi d'avoir faussé sa foi ; avoit dit une parole fausse, & qu'autant de fois qu'il la disoit, autant de fois il avoit menti, & qu'afin de ne differer la fin de leurs differens, il assigne le champ, & lui portera les armes, protestant le Roi, que si desormais l'Empereur tient parole aucune contre l'honneur d'icelui, la honte du delai sera sienne, attendu *que le combat est la fin de toutes les écritures.*

IX. On attachoit au succès de ces combats la décision de toutes sortes de contro-

Controverſes, de Diſputes & de Procès.
Premiérement, les accuſez ſe ſervoient
de cette voye pour prouver leur innocence. Le Comte Bernard étant rapellé
à la Cour de Louïs le Debonnaire, d'où
la revolte des Princes l'avoit chaſſé,
offrit une ſeconde fois le Duel en preſence de toute la Cour, afin de ſe juſti-
fier de ce qu'on l'accuſoit d'avoir engagé Pepin dans une revolte contre ſon
Pere, & ſon accuſateur n'ayant oſé paroître, le dernier fut degradé de toutes
ſes Charges. L'Hiſtoire du IX. ſiécle &
de ceux qui ont ſuivi, ſont remplies de
ſemblables faits, comme ſi Dieu avoit
toûjours permis que l'innocent triom-
phât, & que le calomniateur, quoi que
plus brave, plus adroit, plus fort & plus
vigoureux, eût ſuccombé ſous la main
& l'épée d'un habile Champion. Cependant Gregoire de Tours raporte un fait
qui devoit embaraſſer les aſſiſtans & les
Juges. Le Foreſtier ayant accuſé le
Chambellan du Roi d'avoir chaſſé, on
ordonna le Duel pour l'en convaincre:
le Foreſtier fut bleſſé & tomba; le Chambellan courut ſur lui, afin de lui couper
la tête, mais le terraſſé lui pouſſa l'épée
dans le ventre, tellement que l'un &
l'autre moururent ſur le champ de bataille. Lequel étoit l'innocent ou le coupable?

Gregor.
Turon. L.
VII. c. 10.

X. Secondement, lors qu'il y avoit
conteſtation entre des Seigneurs, Prin-

G   ces

ces où Ecclesiastiques voisins, sur des Fiefs & des Terres, on décidoit du droit & de la proprieté par le Duel, plutôt que par l'autorité !des Rois. Un Vassal ne pouvoit pas appeller en Duel son Seigneur Feodal, ni un Paysan le Chevalier qui lui disputoient quelque morceau de terre. Mais lors qu'on étoit d'une condition égale ou independante l'une de l'autre, c'étoit par cette voye qu'on décidoit les Procès; les Rois mêmes entrerent dans ce malheureux expedient; car on décidoit par là du sort des Provinces contestées, & c'est par un reste de cet ancien usage qu'au Couronnement des Rois de la Grande Bretagne, un Heraut d'Armes paroît à cheval armé de pied en cap, jette son gantelet pour offrir le Duel à quiconque voudra contester que le Duché de Normandie appartient aux Rois d'Angleterre. Les Abbayes & les Terres qui dependoient des Eglises, étoient sujettes à la même Loi, les Abbez & les Evêques fournissoient un homme d'armes pour soutenir leur droit contre celui qui prétendoit l'usurper.

XI. Je finirai cet Article par un trait d'extravagance qu'on ne peut lire sans peine. Gregoire VII. ayant résolu d'abolir en Espagne la Liturgie Gothique, entraîna le Roi dans ses sentimens; le Peuple attaché scrupuleusement à son ancien Formulaire d'Oraisons, se souleva contre les ordres du Pape & du Roi, afin de de décider laquelle de ces deux Liturgies étoit la meilleure; on choisit deux combattans: l'un se battit pour l'ancien Office Gothique, & l'autre pour le Romain qui étoit nouveau. Le Champion de la nouvelle Liturgie fut tué, & le Gothique triompha. Il étoit naturel de croire que Dieu s'étoit déclaré contre le Service qu'on vouloit introduire, si la Loi des Duels étoit suivie inviolablement dans tous les cas civils & criminels, il n'y avoit pas lieu de présumer qu'il n'eût présidé sur celui qui le regardoit. Cependant, on ne crut point que Dieu eût bien décidé dans cette occasion, & malgré le succès du Duel favorable au Peuple, le Pape & le Roi changèrent l'ancienne Liturgie. Tant il est vrai que les Papes & les Rois se jouent de la Religion, & la font plier sous leur autorité, ou plutôt sous leur fantaisie.

XII. Les Bearnois étoient plus sages que leurs voisins; car par une de leurs Loix ils défendoient de se battre pour toutes les contestations qui pouvoient être décidées par l'audition des témoins, ou par le serment, & ne permettoient le Duel que pour les choses dont on ne pouvoit avoir la connoissance: mais cela ne laissoit pas de s'étendre fort loin.

CHA-

C H A P I T R E XIII.

Des Loix & des Régles qu'on avoit éta-blies pour les Duels.

IL ne feroit pas furprenant que les Rois euffent toleré quelques abus dans des fiécles mal policez, & qu'ayant pris eux-mêmes des manieres guerrieres & farouches, ils pardonnaffent à leurs fujets des excès de colere & de vengeance, ou des emportemens qui font les fuites ordinaires de cette ferocité martiale. Mais on ne conçoit qu'avec peine, que ces Princes ayent autorifé par des Statuts & des Loix folemnelles, des combats qui expo-foient leurs plus braves fujets à des perils continuels, & où ils faifoient des pertes irréparables ; cependant on s'eft donné la peine de regler ces Combats perfonnels, & de donner une autorité inviolable à ces régles.

II. On fe contentoit quelquefois du ferment, pour juftifier une perfonne accufée, ou bien on la faifoit paffer par l'épreuve du fer chaud, de l'eau, ou de la croix. Dans cette derniere épreuve on choififfoit deux hommes, l'un pour l'accufateur, l'autre pour l'accufé ; on les plaçoit devant la Croix qui étoit fur l'Autel, on leur faifoit étendre les bras, & celui dont le bras fe fatiguoit le premier, & changeoit de fituation, perdoit fa cau-fe ;

se ; mais le Duel étoit un moyen plus ordinaire , & paroissoit beaucoup plus sûr que tout autre.

III. Afin que le Combat se passât dans les formes , il falloit s'adresser au Juge, lui porter sa plainte , déclarer que l'accusateur avoit menti, offrir de se battre, & demander le jour pour le combat, lequel on marquoit ordinairement le quarantiéme depuis la Requête. On lit dans une ancienne Chronique de St. Pierre le Moutier, une plainte du Prieur contre le Roi St. Louïs, dont le Baillif aneantissoit les Duels dans ses terres. Le Prieur & le Roi avoient une Justice commune ; le Prince ne vouloit point qu'on reçût les Requêtes de ceux qui demandoient jour pour le Duel : mais le Prieur ne put souffrir ce Privilege, & demanda que le Baillif continuât à donner audience à ceux qui vouloient se battre, & le Roi fut obligé de l'accorder pour les terres qui dependoient absolument du Prieuré.

IV. On se contentoit quelquefois de jetter le gantelet à terre, devant l'accusé qui le relevoit ; mais l'usage le plus autentique étoit d'aller au Juge ou au Souverain. Cependant cela fit naître des difficultez si considerables, qu'on fut obligé d'en faire des Loix. Olivier de la Marche assure, que le Roi Charles V. dressa lui-même les régles du gage de Bataille, & les laissa par écrit à la Posterité,

BIBLIOTHÈQUE

té, & le Duc de Glocester, Connêtable
d'Angleterre, fit aussi de nouvelles Loix
qu'il dédia au Roi Richard; & comme
ce Traité étoit methodique, il fut plus es-
timé que les autres.

V. Lors que le Juge avoit marqué le
jour, il falloit donner des gages, dont
l'usage étoit different; on les mettoit
quelquefois entre les mains d'une partie,
parce que la somme étoit destinée à dedommager le Combattant, dont le cheval pouvoit être blessé, les armes per-
cées, ou qui pouvoit faire quelqu'autre
perte; on presentoit aussi des otages, qui
étoient la caution, que la somme qu'on
avoit promise, seroit bien payée, si l'argent n'étoit pas comptant. Mais ordinairement on le donnoit au Seigneur, & on
se mettoit à genoux devant lui, pour le
lui remettre.

VI. Par la coûtume de Normandie les
deux Combattans devôient entrer dans
la prison du Duc, & y demeurer l'un
& l'autre jusqu'au jour du combat, ou
bien le Duc devoit les tenir sous une
garde bonne & sûre, afin qu'on pût les
representer au tems & au lieu de l'assi-
gnation. Cette précaution marquoit la
peur qu'on avoit, que les Combattans ne
se repentissent d'une mauvaise action, &
qu'ils ne la previnssent par un accommodement: c'est-pourquoi on les mettoit
dans la contrainte de se battre. Je ne voi
pourtant pas que cette Loi fût générale-
ment

ment reçûe ; mais au moins on devoit demeurer à la fuite de la Cour , depuis le jour qu'on avoit donné les gages , jufques à celui du combat , & celui qui en fortoit, ou qui ne fe prefentoit pas au jour fixé , demeuroit convaincu du crime dont on l'accufoit.

VII. On marquoit enfuite le champ de bataille. Mais les avis font differens fur cet article ; car felon l'ancien ufage les Rois & Seigneurs avoient feuls le droit de le faire: mais on a cru depuis la decadence de la Chevalerie , que c'étoit au defendeur à choifir le Champ clos , lequel devoit être éloigné de maifons, afin qu'on ne pût ni recevoir des avis , ni donner aucun foupçon de fecours. On choififfoit un lieu plein & uni , de ving-quatre pieds , qu'on environnoit de cordes , afin que les témoins puffent voir le combat fans peine. Le Héraut d'armes paroiffant de la part du Roi, appelloit à haute voix l'accufateur, enfuitte le defendeur , & enfin les deux parties. Il y avoit ordinairement autour des barrières un grand concours de monde, pour être fpectateurs du combat ; perfonne ne devoit être à cheval que les combatans, fous peine, aux Gentilhommes, de perdre le cheval, fur lequel ils étoient montez, & aux roturiers l'oreille ; on ne devoit y être affis ni à terre, ni fur quelque banc élevé , fous peine d'avoir le pied ou le poing coupé, parce qu'on vouloit que tout le

La Beraudiere, du Combat de feul à feul. Ch. XIII. P. 26.

G 4   monde

monde pût voir le *combat à son aise*. L'Appellant devoit se trouver sur le champ de bataille à dix heures du matin & l'Apellé à midi : s'il tardoit, sa réputation en souffroit quelque atteinte ; ils devoient venir armez la visiere baissée, car c'étoit un crime punissable par le Roi que de la lever. A l'entrée de la lice se trouvoit le Connêtable, auquel l'Avocat de l'Apellant, qu'on choisissoit entre les plus habiles, declaroit à haute voix en son nom, je suis un tel, armé & monté comme un Gentilhomme, qui veux combattre *contre un tel*, *à cause de telle querelle*, faux meurtre ; & ensuite il protestoit de faire son vrai *devoir à l'aide de Dieu, de Notre Dame & de Monseigneur Saint George le bon Chevalier*. On pouvoit porter du pain & du vin, & la nourriture du cheval pour l'espace d'un jour, si on l'avoit demandé au Connêtable, & qu'on lui eût accordé sa demande, l'Apellé entroit ensuite. Le Pavillon de l'Appellant étoit à la droite du Roi ou du Connêtable, & celui de l'apellé à la gauche ; on combattoit à cheval & avec telles armes qu'on avoit choisies. Si l'Apellant n'avoit pas vaincu ou tué son ennemi au Soleil couchant, *laquelle chose il entendoit pourtant faire si à Dieu plaisoit*, il pouvoit redemander le combat pour le jour suivant. Mais les Juges separoient quelquefois les Combattans, & decidoient, lors qu'ils croyoient que la Providence ne vouloit pas le faire.

IX.

IX. Le choix des armes faisoit souvent un sujet de contestation : cependant c'étoit une maxime constante, qu'elles devoient être égales ; c'est-pourquoi on les faisoit examiner par les Juges. C'étoit une autre maxime, qu'elles ne devoient pas être nouvelles, puis que l'un en auroit apris l'usage qui étoit inconnu à l'autre ; l'épée & l'écu faisoient ordinairement l'armure de ceux qui combattoient à pied ; mais les Chevaliers avoient leurs chevaux couverts de fer, & l'étoient eux-mêmes. Quelques-uns soutenoient, que c'étoit au Defendeur à choisir les armes, & à les presenter à son ennemi. On a vu naître souvent des difficultez qui faisoient perdre le tems ; le soleil qui ne retardoit pas sa course pour les Combattans, se conchoit à l'heure précise, avant que la contestation fût décidée : mais alors celui qui l'avoit fait naître, perdoit sa cause, principalement lors qu'il étoit le Defendeur. Les Chevaliers accoutumez aux avantures & aux imaginations romanesques croyoient, comme parole d'Evangile, qu'on pouvoit faire des armes enchautées, & ils prenoient de grandes précautions contre ces enchantemens :

Fanno malie con herbe e con incanti,

disoit le Poëte Italien. Les Lombards entêtez de cette fantaisie, avoient fait des

G 5 Loix

Mutio Justinianopolitano. L. II. C. IX. P. 52.

Loix pour empêcher cet Art Magique.

X. On formoit un autre incident fur la conftitution des perfonnes, à qui certaines armes ne convenoient pas, & on y remedioit par des Loix. Un homme qui ne pouvoit agir que de la main gauche, pouvoit obliger fon ennemi à fe fervir de la même main, & on lui donnoit un braffard, afin de retenir la main droite; fi le Défendeur étoit borgne, on donnoit à l'Attaquant une bourguignote pour lui fermer un œil; mais il y avoit de grandes difficultez, lors qu'un Duellifte jettant fon épée colletoit fon ennemi, afin de le combattre corps à corps, & le terraffer. Les Docteurs en Chevalerie & en Duels, foutenoient, que c'étoit abandonner le veritable honneur & la régle des combats, pour fe repofer fur une certaine agilité ou force de corps, qui ne marque ni valeur ni courage, mais feulement un peu d'adreffe.

La Berau-
diere, du
Combat
en champ
clos. I. P.
C. XX. &
XXI.

XI. Si le combat ne fe faifoit pas, il falloit payer une amende au Souverain; & même une partie des gages que les Combattans avoient confignée, leur appartenoit. On voit une donation faite par un Roi de France au Monaftére de St. Savin, de toutes les fommes qui pouvoient lui revenir du profit des Duels, *eidem Monafterio donamus & concedimus, fi qua nobis pecunia pro placatis aut batallis evenerit.* Enfin, celui qui fuccomboit fans perdre la vie fur le champ de bataille, perdoit
la

la tête, ou il devenoit l'esclave de son ennemi, qui abusant de sa victoire, lui imposoit souvent des services vils & bas. En certains lieux on lui infligeoit d'autres peines, selon l'exigence du cas ; car on lui faisoit couper la main, ou bien on l'enfermoit dans une prison pour plusieurs années, les Prisons perpetuelles étant illicites en France ; enfin on leur faisoit grace, mais cela étoit rare. Le Roi Philippe le Bel, qui étoit le Petit-Fils de St. Louis, eut d'abord quelque intention d'imiter son Ayeul, & d'interdire, ou du moins de moderer la fureur des Duels ; mais le mal étoit tellement enraciné, que la Noblesse s'y opposa, & trois ans après, c'est à dire, l'an 1306. il fit les Réglemens & les Loix pour régler les cas dans lesquels les Duels devoient être autorisez, & la maniere dont on devoit recevoir le gage de bataille, se presenter devant les Juges, combattre à l'heure marquée ; en un mot, il adopta une partie des Réglemens que nous venons de raporter. Il en fit une espece de Code qui servit de régle aux Combatans. Ainsi au lieu de reprimer & d'abolir les Duels, il les autorisa par la publication de ses Loix, & au lieu d'aneantir le desordre il le rendit plus grand & plus regulier.

CHA-

C H A P I T R E XIV.

Des differentes manieres de faire intervenir Dieu, & ce qu'il y a de plus sacré dans la Religion & dans les Duels.

ON ne s'est pas contenté d'autoriser les Duels par l'usage , & par les Loix Civiles & Canoniques, mais on y a fait intervenir Dieu d'une maniere extraordinaire; & on s'est fait une espece de dévotion de se battre, & de se vanger de son ennemi en le tuant.

Tantum Religio potuit suadere malorum.

I. En effet, on faisoit dépendre l'innocence & le droit, de ces combats personnels. Dieu y entroit comme Juge, & on vouloit que se conformant à la fureur des hommes, il fit toûjours un acte de justice exacte, en donnant à l'Innocent l'avantage sur le Coupable ; on croyoit consulter Dieu, & savoir de lui ce qu'il pensoit de la conduite des accusez & des innocens. Il reveloit par là les crimes secrets & cachez ; il developoit les droits incertains de l'Eglise, ou des Particuliers sur certaines terres ; il justifioit par là les femmes contre les soupçons d'un Mari jaloux ; il empêchoit le scandale qui pouvoit naître de la conduite imprudente d'un Ecclesiastique. En un mot, on

croioit

croioit que Dieu exerçoit par des Duels
un jugement femblable à celui qu'il
exercera au dernier jour du Monde,
puis qu'il rendoit à chacun felon fes œu-
vres. Ce dernier degré d'excès propha-
ne & facrilege merite d'être prouvé.

II. Premiérement, nous avons vu que
les Ecclefiaftiques qui devoient avoir de
l'horreur pour de femblables combats,
les autorifoient par leur exemple, en
fournifiant des Champions (qu'ils fache-
toient, ils affignoient le jour & le lieu
du combat dont ils tiroient le profit. On
remarque dans une ancienne Chronique
de Soiffons, que deux habitans de Jouy
ayant demandé à l'Abbé de St. Pierre le
Duel, il les condamna à l'amende, par
ce qu'ils ne s'étoient pas battus comme
ils l'avoient demandé. Non feulement
le Duel étoit légitime, mais on com-
mettoit une efpece de peché puniffable,
lors qu'on manquoit à fe battre. Nous
avons déja remarqué que non feulement
ils ordonnoient ces combats finguliers,
mais qu'ils fe battoient eux-mêmes. On
regarda comme une grace extraordinaire, qu'un Roi d'Angleterre accordât au
Legat du Pape, que le Clergé ne fe battroit plus en Duel. Innocent IV. dé-
fendit auffi aux *Ecclefiaftiques d'offrir ou
d'accepter un Duel, de fe battre foi-même,
ou par un Champion*, fous peine d'inter-
diction, parce qu'il vouloit abolir un
excès fi criminel; mais on eut peu de
respect

respect pour cette décision Papale, l'ancien usage subsista ; & lors qu'en certains
lieux on eut representé aux gens d'Eglise, cette maxime ancienne & veritable,
Ecclesia nescit sanguinem, l'Eglise ne doit
point tremper ses mains dans le sang, les
Evêques & les Abbez l'éludecent, en
décidant qu'à l'avenir on se battroit pour
eux, & contre eux, avec la massue, le
bâton & le bouclier : tant il est vrai que
ces maximes Duellistes étoient tellement
imprimées dans les cœurs des hommes,
qu'on ne pouvoit les en arracher.

III. Il semble qu'on ne devoit décider par ces combats, que des interêts
civils ; mais on s'imaginoit que Dieu se
trouvant interessé à défendre les biens
Ecclesiastiques, & les dons qu'on lui avoit
consacrez, auroit soin de maintenir ses
interêts ; c'est-pourquoi on soumettoit à
ces sortes de jugemens la décision d'un
champ ou d'une terre contestée à l'Eglise.
C'est ainsi que Teulfe Abbé de St. Crespin
le Vieux à Soissons, disputant un Fief à un
Seigneur voisin, le Duel fut ordonné &
les Champions nommez. Ce combat se feroit fait, si l'Evêque n'avoit terminé le
Procès par un accommodement. Il seroit aisé de multiplier les preuves de ces
sortes de faits à l'infini.

IV. Si quelques Papes se sont opposez
à un usage si général, il y en avoit d'autres qui ne les condamnoient pas, & leurs
Legats ordonnoient le Duel, lors même
                                    qu'il

qu'il ne s'agissoit que de faire preuve de
sa valeur, ils en étoient les témoins, les
Juges & les Renumerateurs, car le Cardinal Legat de Gregoire XI. lequel assié-
geoit Bologne, ordonna le Duel entre
deux Bretons & deux Florentins, qui
s'étoient fait des bravades sur la valeur
& la lâcheté de leur Nation. De quatre
Combattans deux s'entretuerent, & Bis-
soly ayant renversé le second Breton, le
Legat lui sauva la vie, en donnant au
vainqueur les armes & le cheval du vaincu, avec beaucoup d'éloges sur sa valeur. Ainsi les Legats du Pape, à la honte de la Religion & de leur caractére,
repaissoient leurs yeux d'un spectacle si
sanglant, & jugeant du succès ils en as-
signoient les recompenses.

Argenté,
Hist de
Bretagne.
L. III. C.
I. P. 494.
An. 1375.

V. Adelbert Archevêque de Mayence
passe pour un Saint, cependant on remarque dans sa vie, que ce fut lui qui ordonna le Duel du Comte de Geron, accusé par Waldon; & l'Historien de sa vie
dit, qu'il fut le seul avec Thyery auquel
ce combat fit plaisir; le succès en étoit
équivoque, car Waldon avoit reçu deux
coups dont il mourut. Mais ayant pour-
suivi son Ennemi, Geron avoüa que sa
blessure lui ôtoit la force de combattre,
c'est-pourquoi le saint Archevêque &
l'Empereur lui firent trancher la tête.

VI. On soutenoit encor que Dieu s'in-
teressoit particulierement, dans les Duels,
& qu'il les approuvoit, en donnant l'a-
vantage

vantage à l'innocent, & en faisant perir le criminel. C'étoit là ce qui rendoit ces combats si frequens & si solemnels. Il seroit inutile de prouver que les Juges & les Rois ordonnoient de se battre par ce motif, car on ne peut le contester. Je raporterai seulement un Duel Ecclesiastique, que Dom Luc d'Achery a inseré dans ses Récueils ; il s'agissoit d'une Eglise & de quelques terres qui y étoient attachées, *que deux personnes honorables vouloient s'approprier.*

Le Comte Raymond avec la Noblesse du pays ordonna le Duel, *afin que Dieu daignât manifester la verité par le succès, comme cela arriva effectivement ;* car les Champions ayant été choisis par les deux prétendans, ils se batirent depuis deux heures jusqu'au coucher du soleil, sans que l'un remportât aucun avantage sur l'autre : on reconnut par là que Dieu qui avoit presidé sur le combat, & donné des forces égales aux Combattans, jugeoit que l'Eglise & le champ n'apartenoient à aucun des deux Ecclesiastiques, mais qu'ils devoient être donnez à *Dieu, le Createur de toutes choses,* & à Pierre le Prince des Apôtres, c'est à dire, au Monastére de Beaulieu, qui lui étoit consacré, & aux Moines qui le deservoient. On auroit de la peine à croire ces sortes de choses, si elles n'étoient couchées dans des monumens autentiques & anciens, car

D'Ache-
ry Spicil.
L. XIII.
p. 268.
Duello
probatum
est &c.
An. 961.

car ceci fut écrit l'an 961. & le Duel s'é-
toit fait la même année.

VI. Il y a quelque chose de plus, car
on a mis au rang des Saints, des Con-
fesseurs & des Martyrs, ceux qui vain-
quoient, ou qui étoient vaincus dans
ces combats, sur tout lors qu'on se battoit en Duel pour des biens sacrez ou
Ecclesiastiques. Un Auteur moderne
a contesté à Nestor la qualité de Martyr,
ou de Confesseur que Metaphraste lui
avoit donnée: mais il se trompe, car
Photius qui raporte le combat de Nes- *Photius,*
tor contre un Gladiateur, d'une tail- *Bibl. C.*
le & d'une valeur extraordinaire, ne *C. 255.*
dit pas précisément que ce fût un Chré- *p. 1403.*
tien ni un Confesseur; il l'insinue pour- *Martyr*
tant, en disant, que Maximien voulut don- *demet.*
ner de l'argent à Nestor pour l'empêcher de s'exposer à un peril si evident,
& que ce Prince se retira en fureur,
lors qu'il vit que le Gladiateur avoit suc-
combé. D'où pouvoit naître cette colère d'un Persecuteur, qui avoit voulu un
moment auparavant racheter la vie de
Nestor ? si ce n'est de ce qu'étant Chrétien, il avoit tâché de le corrompre par
l'argent, & que n'ayant pas réussi, il fut
fâché de le voir sortir vivant & glorieux
de l'Arene. Mais sans s'arrêter à ces con-
jectures, on ne doit pas blâmer Metaphraste, qui voyant de son tems les Duels
autorisez par l'Eglise, aussi bien que par
les Rois, & par un usage général, a ca-

H   nonisé

nonifé cet ancien Duellifte , qui avoit aimé la gloire , préferablement à l'argent , & fait honneut à la Religion en prefence d'un Perfecuteur. Je ne fai même comment on peut faire de cela un crime à Metaphrafte , qui a écrit felon l'ufage de fon fiecle , puifque Baronius a mis Neftor au nombre des Martyrs. Bollandus a fait la même chofe , & on célébre fa fête le 8. d'Octobre , avec celle de St. Demetrius , qui fut veritablement Martyr fous Maximien.

Baronius Martyr. 2. Octob.

Bollandus de Sanct. Vitis. 2. Octob.

VI. On faifoit tellement entrer la Religion dans les Duels , qu'avant que de combattre on prefcrivoit divers actes de dévotion ; on paffoit la nuit dans les Eglifes au pied des Autels ; on invoquoit là certains Saints particuliers , comme St. George , le bon Chevalier ; on faifoit fa Confeffion ; on recevoit les Sacremens. Enfin , on croyoit obtenir par ces actes de Religion de nouvelles forces pour combattre fon Ennemi. Anne Comnene raporte , qu'un Seigneur François qui étoit à fa Cour l'affura qu'il y avoit dans fon Pays une Eglife où les Duelliftes alloient paffer la nuit en prieres , pour obtenir du Saint un fecours extraordinaire. Saint Draufin de Soiffons étoit fameux pour les fecours miraculeux qu'il accordoit ; car il rendoit *invincibles* , *invictos* , les Duelliftes , qui avoient recours à lui. Les Lorains & les François étoient perfuadez qu'il répandoit une vigueur nouvelle
fur

sur eux, lorsqu'ils l'avoient prié ; c'est-
pourquoi le Comte de Montfort alla
l'invoquer dans son Eglise, pendant toute
la nuit, avant que de se battre le lendemain
contre Henri Comte d'Essex. Mais l'Auteur de la vie de ce Saint *Drausin*, qui
écrivoit à la fin du IX. siecle, encherit sur
Jean de Sarisbury, car il asure que non
seulement les Devots qui alloient prier
auprès du Tombeau de ce Saint, sor-
toient victorieux du Duel, mais qu'on
voyoit leur agilité & leurs forces augmen-
ter à proportion de l'ardeur des prieres des
Combattans & de celles des Religieuses qui
joignoient leurs Oraisons à celles des Duel-
listes. Après cela il ne faut plus s'étonner, qu'on ait inseré dans la Legende de
ce Saint, comme un éloge qui l'éleve au
dessus des autres, qu'on accouroit de toutes parts au Tombeau de St. Drausin, &
particulierement ceux qui étoient obligez
de se battre, parce qu'on croyoit que ceux
qui y passoient la nuit en prieres, sor-
toient *victorieux du Combat.* Vouloir justifier le Breviaire de Soissons, dans lequel
cette leçon est couchée en termes exprès,
en disant, que les termes de *certamen &*
de pugna, signifient des Batailles, plutôt
que des Duels, c'est vouloir chicaner
par passion ; car l'Auteur de la Vie de
S. Drausin, suivoit le langage & les idées
de son siecle, en donnant à ce Saint la vertu de fortifier les Duellistes, parce que ces
combats étoient autorisez. D'ailleurs, on

voit

voit que c'étoit là le préjugé général qu'on avoit du mérite du Saint, de sa fonction particuliere dans le Ciel, & de la dévotion de ceux qui l'invoquoient, puisque Jean de Sarisbury le dit formellement: enfin il seroit ridicule qu'on se détachât d'une Armée, la veille d'une Bataille, pour courir au Tombeau de St. Drausin ; mais il étoit naturel que les particuliers Duellistes allassent l'invoquer la veille de leur combat.

CHAPITRE XV.

Des autres Epreuves du Fer chaud, & de l'Eau dont on se servoit au défaut des Duels.

I. PUisque nous sommes entrez dans l'examen des moyens superstitieux & criminels que l'Eglise a employez pour s'assurer de la verité des faits, il faut dire un mot des autres épreuves qui étoient en usage, & qui ont duré six ou sept cens ans, parce qu'elles aident à prouver, qu'on faisoit intervenir la Religion, & ce qu'il y avoit de plus sacré dans la Religion, pour donner plus d'éclat à ces épreuves qu'on apelloit *vulgaires*, pour les distinguer des épreuves Canoniques, qui regardoient la pénitence des Ecclesiastiques.

II. On sait assez qu'on se servoit des
épreuves

épreuves de l'eau froide, de l'eau chaude & du fer brûlant, pour examiner les
perfonnes accufées de quelque crime,
lors même qu'elles étoient affifes fur le
Trône, ou qu'elles tenoient le premier
rang dans le monde; mais on ne fait pas
toûjours l'excès auquel les hommes ont
porté cette extravagance devote & fu-
perftitieufe.

III. Lors qu'on vouloit éprouver les
hommes & les femmes par l'attouchement
du fer chaud, on examinoit leur main,
on la couvroit d'un linge, & on y apofoit le
fceau, afin qu'on ne pût pas la frotter
de quelque herbe, ou d'un onguent qui
arrêtât la violence du feu ou du fer em-
brafé: il falloit confacrer ce fer avec
quelques prieres, & on y attachoit une
vertu miraculeufe, laquelle fe retiroit
dès le moment qu'on l'emploioit à quelque ufage different. Cela fit naître un
procès entre l'Abbé de St. Vandrille &
l'Archevêque de Rouen. C'étoit un des
privileges de cette Abbaye, de garder le
fer chaud, pour avoir la vertu de découvrir le crime & le Criminel; mais un
Moine s'en étant fervi à quelque ufage
profane, la vertu du fer s'evanouït. L'Abbé qui en tiroit un profit confiderable,
demanda à Guillaume Archevêque de
Rouen de benir un autre fer, l'Evêque *Hift. des*
refufa de le faire, parce qu'il conteftoit *Arch. de*
le privilege de l'Abbaye, & il ne ceda *Rouen.*
que lors qu'on lui eut prouvé par une

Tradi-

Tradition conſtante, & de tems immemorial, que c'étoit dans cette Abbaye qu'on gardoit ordinairement le fer chaud.

IV. On faiſoit encore plus de cérémonies pour la conſecration de l'eau. Premiérement, on diſoit la Meſſe ſolemnellement pour les accuſez, on les ſollicitoit par le nom de la Trinité, & les reliques des Saints, de n'aprocher point de l'Autel, s'ils étoient coupables ; on leur donnoit enſuite le Sacrement, en leur diſant que le Corps & le Sang de Jeſus-Chriſt ſoit aujourd'hui *en épreuve pour vous à la gloire de Dieu & à l'édification de l'Egliſe.* Enſuite on faiſoit de l'eau benite, que le Prêtre portoit au lieu de l'épreuve, il en faiſoit boire à tous les aſſiſtans, qui étoient à genoux en prieres, & particulierement à celui qu'on alloit jetter dans l'eau, en lui criant, cette eau benite vous ſoit en épreuve par Notre Seigneur Jeſus-Chriſt, qui eſt *le veritable & le juſte Juge.* On dépouilloit l'accuſé, on lui faiſoit baiſer l'Evangile, on le lioit en peloton, & après l'avoir arroſé d'eau benite, on le jettoit à l'eau, mais tant le coupable que ceux qui le jettoient dans l'eau, devoient être à jeûn. Secondement, on exorciſoit l'eau, on l'adjuroit au nom de Dieu le Pere Tout-puiſſant, Createur des eaux, par le Nom ineffable de Jeſus-Chriſt, qui avoit marché ſur la Mer, qui ſe ſervoit de l'eau pour en faire le Sacrement du Baptême, qui avoit fait paſ-

paſſer le Peuple d'Iſraël au travers de la Mer Rouge, &c. Enfin, après avoir dit tout ce qu'on peut [dire à la louange de l'eau, on la prioit de ne point recevoir le coupable, mais de le rejetter, *par la vertu* de Notre Seigneur Jeſus-Chriſt, afin que *tous les Fideles viſſent qu'il n'y a ni crime ni preſtige qui puiſſe reſiſter à la vertu Divine, & qui ne ſoit découvert & manifeſté par ce moyen.*

En troiſiéme lieu, ou faiſoit de nouvelles adjurations à l'accuſé, au nom de Dieu, de la Trinité, des Anges, des vingt-quatre Anciens, du jour redoutable du Jugement dernier; on les adjuroit au nom des quatre Evangeliſtes, des Apôtres, de la Vierge Marie, des Saints Martyrs Confeſſeurs. Ainſi tout ce que le Ciel renferme de plus auguſte intervenoit dans cette cérémonie.

V. Ces Rites furent ordonnez par le Pape Eugene II. Il eſt vrai que ce dernier article eſt conteſté par un Écrivain moderne, *fort jaloux* de la gloire de l'Egliſe & des Papes, mais les raiſons qu'il allegue ſont foibles; car il remarque, que ſi le Pape avoit fait ce Décret, il auroit ſubſtitué une épreuve incertaine, au ſerment ſur les reliques des Saints, qui étoit meilleure, qu'il diſtinguoit Jeſus-Chriſt de la Trinité, qu'il fait donner l'Euchariſtie à des gens accuſez de ſortilege & d'autres crimes;& enfin qu'il auroit aprou-

Hardouin.

H 4   vé

vé ce qu'un de ses Predeceseurs, Etienne IV. avoit condamné.

VI. Mais il n'y a rien de plus ordinaire que ces décisions differentes des Papes, qui en se succedant les uns aux autres, suivent des opinions opposées. C'étoit un usage presque général que de dire la Messe, avant que de faire l'épreuve de l'eau ou du fer, & l'Eglise l'aprouvoit par sa pratique constante. Il ne faut donc pas s'étonner de ce que le Pape fait la même chose, & dicte les Rites qu'on devoit observer. Le Pere Mabillon si savant & si attaché à son Eglise, n'a point balancé à donner ce Décret au Pape Eugene, parce qu'il l'a trouvé dans un Manuscript de Rheims, lequel a près de huit cens ans, & dans un autre MS. d'Auxerre; & le Commentateur d'Yves de Chartres avoit déja fait la même chose. Enfin, le Concile de Lislebonne au Pays de Caux, tenu l'an 1080. a décidé, que lors que l'épreuve du feu seroit ordonnée, il faloit la terminer devant *la Mere Eglise qui en étoit le Juge.* Il n'y a donc pas de doute que ces Rites ne fussent autorisez par les Décrets des Papes, des Conciles, & par l'observance générale de la Mere Eglise.

Ritus probationis per aquam frigidam ab Eugenio II. instituix. Apud Mab. Ana-lecta. L. I. p. 47.

Voyez aussi Juret Observat. ad Yvonis Carn. Ep. 74. p. 155.

VII. Ce qu'il y a d'étonnant est, qu'on se servît de cette épreuve pour découvrir les hérétiques & les hérésies. Saint Bernard le grand ennemi des Disciples de Pierre & de Henri de Bruis, se servoit de ce

Bernard. in Cant. §. 66.

ce moyen pour les convaincre ; car il
leur reproche patétiquement dans un de
ses Sermons, qu'après avoir abjuré l'erreur des Livres, ils la gardoient impri-
mée dans le cœur, mais que l'eau avoit
découvert leur dissimulation, puis qu'ils
n'avoient pu enfoncer, lors qu'ils y a-
voient été jettez. Je ne sai comment Del
Rio ose nier que St. Bernard ait donné
son aprobation à cette épreuve, car il
devoit la regarder comme miraculeuse
& divine, ou bien il n'auroit pu insul-
ter les Petrobusiens sur leur conviction
par ce moyen.

Del Rio.
Disquis.
Mag.
L. IV.

VIII. Il y eut deux hérétiques accusez devant Linard Evêque de Soissons l'an 1114. L'un de ces deux accusez
qui étoient Laïques & Freres, confessa
d'abord son erreur ; mais l'autre qui s'a-
pelloit Clementius, persevera dans la ne-
gative. L'Evêque dit, selon l'usage, la
Messe devant l'accusé, il le communia,
il fit l'exorcisme de l'eau, laquelle ne voulut point recevoir Clement, car il nagea
au dessus au lieu d'enfoncer, & il fut par
là convaincu pleinement de dissimulation
& d'heresie. Il y a des gens qui ne laissent pas de soutenir, que le Chapitre de
Soissons n'entroit point dans cette imagination superstitieuse & criminelle ;
mais cet exemple suffit pour les convaincre du contraire, quand même il n'y
auroit pas dans cette Eglise un Manuel
qu'on croit avoir été composé à la fin

Manda-
tum.

H 5 du

du XII. fiécle, dans lequel on trouve les cérémonies de l'épreuve de l'eau, avec la Meſſe qu'on avoit coutume de dire avant que de la faire.

IX. Enfin, on attachoit des miracles éclatans à cette épreuve, c'eſt-pourquoi dans les Oraiſons qu'on faiſoit ſur l'eau, on faiſoit ſouvenir Jeſus-Chriſt du miracle de Cana, ou il avoit changé l'eau en vin, & Dieu, du miracle de la Fournaiſe, où les trois Compagnons de Daniel avoient été jettez. C'étoient là autant de motifs pour engager Dieu à faire quelque choſe de ſemblable.

Voyez Juret Obſ. ad Yvonem. P., 155.

X. Lors que Dieu manquoit à faire un miracle, la Vierge venoit au ſecours. Dans le Livre des Miracles de Notre-Dame de Roche Amadour à Cahors, on conte que Leofas, Veuve de Gaſton, Prince de Bearn, s'étant rendue ſuſpecte par une fauſſe couche, arrivée après la mort de ſon Mari, fut jettée à l'eau; mais étant protegée par la Sainte Vierge qu'elle avoit reclamée dans ſon beſoin, elle alla aborder doucement ſur le ſable.

Il eſt MS. dans la Bibl. de St. Germain des Prez.

XI. 'Enfin, il n'y a rien de plus extraordinaire que tout ce que Hincmar, qui avoit dans ſon ſiécle une grande réputation, & qui conſerve encore aujourd'hui beaucoup d'autorité, raporte pour ſoutenir l'épreuve de l'eau chaude ou froide. Il fait entrer dans ſes raiſonnemens, non ſeulement le Baptême, mais le Monde

de ancien & nouveau, dont l'un perit
par l'eau, & l'autre doit perir par le feu.
Il se fait une objection tirée de ce que
les méchans étoient ensevelis par le dé-
luge, au lieu que dans l'épreuve ordi- Hincmar.
naire on doit enfoncer lors qu'on est in- de Divor-
nocent, & surnager quand on est coupa- tio Lothar
ble. Il y ajoûte l'exemple des Egyp- P. 604.
tiens qui furent noyez pendant que les L. II.
Israëlites passoient au travers de la Mer.
Malgré toutes ces objections, il ne laisse
pas de tirer une tradition constante de
tous ces faits, pour prouver que l'Eglise a toûjours employé le feu & l'eau,
afin de connoître les innocens & les coupables. C'est ainsi que cet Ecrivain abu-
soit de la Tradition, & prétendoit que
cet usage étoit, non seulement nécessaire & saint, mais vénérable, par une lon-
gue antiquité.

XII. Au reste, je ne me suis pas si é-
loigné du but & des Duels, en parlant
des épreuves de l'eau & du feu, qu'on
pourroit se l'imaginer, car il y a des Savans qui soutiennent que ces trois épreuves avoient les mêmes usages, mais que
le Duel étoit reservé pour les personnes
distinguées par leur naissance; l'eau pour
les Roturiers, & le fer chaud pour les
Moines & les Ecclesiastiques qui tenoient
le milieu entre ces deux Ordres. Je ne
décide pas si ces Savans ont raison, il
est seulement vrai qu'on n'observoit pas
exactement cette différence, & que les
Duels,

Duels, l'eau & le feu étoient des épreuves aufquelles on expofoit toutes fortes de perfonnes, fans beaucoup de diftinction, & qu'il y avoit autant de fuperftition & de credulité dans les uns, que de barbarie dans les autres.

CHAPITRE XVI.

De la décadence & de l'abolition des Duels.

I. TEls étoient les moyens dont on s'eft fervi pour s'affurer de la verité des faits incertains pendant un grand nombre de fiécles; il fuffit de reprefenter les égaremens de l'efprit & du cœur humain pour en avoir honte. En effet, lors qu'on fait reflexion fur les excès de fureur aufquels on s'eft porté fur les Duels, on ne peut s'empêcher de s'écrier,

Oh quantum humani in rebus inane!

Qu'il y a de vuide & de foibleffe dans le cœur des hommes!

Si cette fureur des combats perfonnels avoit été particuliere à un certain ordre de perfonnes, & que les autres l'euffent condamnée, on auroit eu pitié de cette extravagance particuliere, & il auroit été

été facile de la corriger par l'exemple des
Sages ; mais cette fureur s'est repandue
sur toutes les personnes, sans distinction
de nations, de rang, de caractére, ni
même de sexe. Si une Nation seule étoit
tombée dans cet excès, ou qu'il n'eût duré que pendant que ces Nations étoient
plongées dans la barbarie qu'elles avoient
apportées du Nord. Mais on a vu l'ardeur des combats s'allumer chez les Nations les plus polies, augmenter à proportion qu'on se dépouilloit de l'ancienne ferocité pour prendre des manieres
galantes ; & cet usage a duré dans sa vigueur cinq ou six cens ans.

II. Il est vrai que quelques Conciles,
quelques Papes, & quelques Rois ont
donné des Loix pour arrêter le cours
d'un mal si funeste, mais les remedes ne
faisoient que blanchir, & quelques Décrets qu'on trouve dans le Droit Canon
contre les Duels, n'étoient pas assez
forts pour reprimer cette fureur, ni
même pour faire une Tradition suivie &
constante contre ces sortes d'épreuves ;
car ces Décrets sont en petit nombre, &
les Papes ont parlé mollement, se con-
tentant de dire comme Innocent III. en
écrivant aux Prélats de France, que
c'est plutôt une corruption, *corruptela*,
qu'un usage autorisé ; & dans le fameux
Duel des Rois d'Arragon & de Sicile,
les Cardinaux disoient seulement à Pierre d'Arragon, qu'il *pouvoit se passer de
cela.*   III.

III. On a retranché dans les derniers
fiécles divers excès terribles, on n'y fait
plus entrer la Religion, dont les mifte-
res étoient étrangement prophanez, lors
qu'on les adminiftroit aux accufez avant
le combat & pour le combat.

En effet, on ne peut douter qu'on n'au-
torisât un afreux facrilege, en commu-
niant celui qui ne refpiroit que la vengeance, ou qui ne pouvoit être occupé que
du défir d'ôter la vie à fon ennemi, de
tremper fes mains dans fon fang, ou du
danger d'une damnation inévitable.

IV. On eft revenu d'une feconde erreur, que la Providence qui veilloit fur
ces combats, fe déclaroit toûjours en faveur de l'innocent contre le coupable,
& que le fuccès du combat découvroit la
verité ou la fauffeté d'une accufation.
On avoit beau fe convaincre du contraire
par mille & mille faits, on ne laiffoit pas
de perfeverer dans ce préjugé; & pendant qu'on attendoit avec confiance le
jugement de Dieu, il étoit impoffible que
l'innocent qui fe repofoit fur fon innocence, n'acceptât le défi, & ne s'exposât au
combat, pendant que l'autre efperoit de
cacher fon crime par fa hardieffe, & de
fortir d'afaire par fa valeur.

V. On a aboli le profit que les Seigneurs Hauts Jufticiers, tant Ecclefiaftiques que Seculiers, tiroient de ces Duels,
parce qu'ils avoient le droit de les accorder, de marquer le champ clos, &
de

de profiter des amendes que payoient les vaincus, & ceux qui refufoient le combat après l'avoir accepté.

VI. Les Ordres de Chevalerie fubfiftent encore, mais ceux qui y entrent, ont plus de foin de s'enrichir des Commanderies qu'ils poffedent, que de s'expofer aux perils de la guerre, du moins on ne les voit plus animez de cet efprit de fureur, qui fous le pretexte de défendre l'innocent, & de reparer les torts, faifoit couler des torrens de fang humain. La Creation des Chevaliers errans & vagabonds, le point d'honneur & la pompe attachée à cette création, ont ceffé, on devient Soldat & Officier pour le fervice du Prince & de la Patrie, fans cet amas de cérémonies qui difpofoient les cœurs, & fembloit exiger quelque acte particulier de courage & de valeur, lorfque la paix ne permettoit pas d'en faire de publics.

VII. L'Eglife qui fecondoit aveuglement les préjugez des Duelliftes, & les fortifioit de fon autorité, a changé de fentiment ; non feulement on ne voit plus les Papes & les Conciles aprouver ces combats finguliers, comme des moyens fûrs pour diftinguer la verité du menfonge, mais on ne voit plus de Moines & de Clercs, jetter ou recevoir le gantelet, ni fournir des Champions, & faire dependre du fuccès du Duel la poffeffion d'une Terre, ou de quelque privilege.

ge Ecclesiastique. Enfin, l'Eglise a presentement autant d'horreur pour les Duels, qu'elle avoit autrefois de condescendance. Le Clergé de France assemblé en 1657. donna une marque de son zele, en faisant remercier publiquement le Comte de Druy, *sur son Traité de la beauté de la Valeur, & la lâcheté du Duel.* Mais jamais Livre ne merita moins les éloges d'un Corps si auguste. L'Auteur se perd dans un galimatias continuel ; la valeur dont il releve la beauté, dépend de la

Traité de la beauté, de la Valeur & de la lâcheté du Duel. I. P. C. IX. p. 23. ,, Grace de Jesus-Christ, & est très diffe-
,, rente de la naturelle que Dieu avoit
,, donnée à l'homme innocent ; car celle-
,, ci n'est pas encore élevée aux splen-
,, deurs qui environnent l'autre, elle
,, n'en est presque que le portrait. Comme
,, Adam, en qui le premier elle a été mi-
,, se, n'étoit que la figure de Jesus-
,, Christ, qui est la source de l'excellen-
,, te générosité que nous admirons, &
,, qui la tient en soi avec les avantages
,, qui doivent orner tout ce qui apartient
,, à un homme Dieu derivant du Verbe
,, Incarné, qui est la force de son Pere,
,, & comme proportionné à sa dignité,
,, elle est plus haute que la naturelle,
,, & que celles que possedoient les Intel-
,, ligentes Celestes au moment qu'ils re-
,, çûrent leur être de la main de leur
,, Créateur ; au contraire la lâcheté des
,, Duels vient du Démon, qui jaloux de
,, la valeur divine, veut jetter l'hom-
,, me

„ me par les illusions dans la lâcheté.
„ C'est là l'art de cette Femme, *que le*
„ *Prédicateur, grand Favori du Souverain*
„ *des Créatures,* a peinte dans son Apoca-
„ lypse; elle charme faussement la vûe
„ par ses illusions diaboliques. Ce noble
„ Ecrivain des grandeurs de son Roi, *Ibid. II. P.*
„ nous aprend, que c'est de ce vin detes- *C. I. I&*
„ table que porte cette femme, qu'elle *III. p. 149.*
„ enyvre les Princes de la terre, qui ai-
„ ment la douceur de ses charmes; sa
„ puissance est celle des Démons, &
„ c'est par elle qu'ils charment les esprits
„ de tous les hommes, qui ne méritent
„ pas de voir la lumiere au milieu du jour
„ qui éclaire ceux qui ont la vûe aussi
„ forte que le courage; c'est par les im-
„ pressions de cette Sorciere, que ces
„ miserables tombent dans le funeste
„ aveuglement qui leur fait croire tou-
„ tes les choses d'une autre maniere qu'el-
„ les ne sont.

VIII. Il n'y avoit qu'un trait de bon
sens dans tout l'ouvrage, c'étoit celui de
s'adresser aux Dames, sources perpetuelles de semblables combats par les ja-
lousies qu'elles causent; & capables
d'inspirer aux hommes les sentimens du
veritable honneur; mais la maniere dont
il leur parle, gâte tout: on peut en juger
par ce qu'il dit à la Reine.

„ Les vertus qui accompagnent Vo- *Ibid. IV.*
„ tre Majesté, portent avec elles un feu *P. Con-*
„ si plein de lumiere, qu'il est impossi- *clusion à*
la Reine.
I „ ble *p. 303.*

„ ble que ceux qui levent les yeux pour
„ les confiderer, n'en foient à l'inftant mê-
„ me parfaitement éclairez. Les fplendeurs
„ qu'elles jettent, s'étendent jufqu'aux
„ endroits de la terre, où le Soleil n'a
„ pas le pouvoir de produire le jour, &
„ ces bornes puiffantes qui empêchent
., ce bel Aftre de paroître aux Peuples
„ qui font enfevelis dans les horreurs
„ d'une nuit, qui occupe une grande
„ partie de l'année, font trop foibles
„ pour fermer le paffage à la renommée
„ qui porte l'éclat de vos perfections.
„ Auffi, Madame, eft-il affûré que Votre
„ Majefté a reçu une impreffion plus no-
„ ble de la Lumiere éternelle de la Di-
„ vinité, que celle qui paroît dans le
„ Flambeau du monde, à la vûe de tout
„ l'Univers.

IX. Cet anti-Duellifte ne raifonne pas
mieux que les adverfaires qu'il combat ;
mais l'équité veut qu'on rende juftice à
chaque parti, & fi on critique ceux qui
attaquent la véritable Morale, il eft jufte de cenfurer ceux qui lui font tort par
une mauvaife défence. D'ailleurs, il y
a un grand nombre d'Auteurs qui ont
écrit folidement contre les Duels ; mais
notre principal but eft de faire voir l'é-
tendue du zele de l'Affemblée du Clergé de France ; car, puis qu'elle l'a pouffé
jufqu'à remercier l'Auteur d'un Livre fi
pitoyable, qu'auroit-elle fait fi on lui
avoit préfenté un bon Ouvrage? Il n'y

Maffei, della Scienza Cavalle-refca, & en dernier lieu Slicher, Differtatio Juridica de debita ac le-gitima. vindic. exiftime-tionis.

a

a rien, ce me semble, qui prouve mieux l'horreur que les Ecclesiastiques & les Maréchaux de France avoient dès ce tems-là pour les Duels, que de voir prostituer leur honneur, par l'encens qu'ils prodiguent à cet Auteur dont le Livre est plus propre par ses paradoxes à exciter les railleries des Duellistes, qu'à les guerir de leur ancienne erreur. Quoiqu'il en soit, ils ne peuvent plus mettre l'Eglise dans leurs interêts, puis qu'elle se déclare contre eux.

X. C'est un plus grand avantage que les Rois punissent les combats singuliers, au lieu de les autoriser par des Loix. Que le Roi Louïs XIV. ait agi par un desir de gloire, & d'une noble émulation pour ses Prédecesseurs, qu'il ait soutenu la sévérité de ses Edits par la jalousie de son autorité, ou qu'il ait suivi les principes d'une Morale Chrétienne; il est toûjours vrai qu'il a merité les louanges de ses Sujets & de la Posterité, en arrêtant le cours d'un mal qui paroissoit sans remede. Il a sauvé la vie à une infinité de personnes, en ne faisant grace à personne, il a assuré le repos d'un très-grand nombre de familles, en jettant l'affliction dans quelques-unes par la punition des coupables; il a rétabli les regles du veritable honneur, & fait disparoître le faux qui étoit cruel & barbare.

XI. Mais le plus difficile reste à faire, & afin de ne rien dissimuler, il y a dans tous les hommes un principe de fierté qui ne souffre point qu'on l'attaque & qu'on le blesse. Parlons plus naturellement, personne ne veut être outragé, lors même qu'on auroit assez de patience pour le souffrir, la honte que causent les témoins plus impatiens, quoi que moins interessez, ne permet presque pas de se taire & de demeurer dans l'inaction : on trouve une espece de nécessité au peché qu'on va commettre. Il faut offencer Dieu ou les hommes , & on respecte plus les hommes, distributeurs d'une gloire presente, qu'un Dieu éloigné de nous, quoique souverainement puissant. Les Tribunaux humains établis pour la reparation des injures, ne suffisent pas, parce qu'ils ne le font pas suffisamment, & qu'il y a une fatigue & une lenteur insuportable dans leurs procédures : on a senti vivement l'afront qu'on ne peut prouver qu'avec peine dans les formes juridiques, & l'Arrêt, quoique fulminant, vient toûjours trop tard, pour assouvir les bouillons de la colere.

XII. Il étoit naturel aux anciens Casuistes qui voioient les Chevaliers aux pieds des Autels, demander le Sacrement, & prier Dieu d'employer les armes que la Theologie leur fournissoit, pour faire sentir la contradiction dans laquelle ils tomboient : mais à present qu'on écarte les principes de la Religion , on n'apuye les combats personnels que sur des maximes du

du monde & de la nature corrompue ; il
feroit inutile d'opofer l'Evangile, qu'on
a la précaution de fermer, afin de fe mettre en fureté.

XIII. Mais fi on fuit les maximes
du monde & de la nature, quel remede
trouvera-t'on à ces combats ? Premiérement, il feroit aifé d'y attacher de la
honte ; car comme on fe bat par une maxime d'honneur & de vaine gloire ; fi on
pouvoit attacher de la honte & de l'infamie à ces combats, on les verroit finir.
Si les Duelliftes qui troublent le repos
des Familles & de la Societé, étoient dé-
criez comme des hommes dangereux,

Fœnum habet in cornu, longè fuge.

perfonne ne voudroit effuyer cette honte :
mais par malheur on refpecte dans le monde corrompu, cette même valeur dont
on pleure les fuites. Secondement, quoi
que la févérité des Loix ait été néceffai-
re, afin d'arrêter la violence du torrent
qui rouloit avec la derniere impetuofité,
on pourroit punir plus efficacement les
Braves, en interdifant le port des armes,
& les Emplois militaires à ceux qui fe
battent en Duel, qu'en les condamnant
à perdre la vie. Le Brave irrité méprife
fouvent la vie, mais il méprife rarement la fortune & les recompenfes que
fon courage peut lui procurer. Jamais
il ne peut s'élever au deffus de la gloire

I 3 qu'il

qu'il pouroit acquerir dans le ſervice, dont les combats ſinguliers le priveroient. Il y a tel homme que la colere & la vengeance portent juſqu'à ſacrifier ſa vie : il ſe dit à ſoi-même, que ne pouvant vivre ſans honneur, il aime mieux perdre ſa tête dans un champ clos ou ſur un échafaut, que de la porter avec infamie. Il raiſonne mal, il ſent ſon erreur après le combat, mais il eſt trop tard, au lieu que lors qu'on enviſage la honte, la miſere qu'on traîne avec ſoi, l'oubli du monde, les retraites qui épuiſent la patience & rendent la vie inſuportable, ſurtout aux eſprits bouillants, il eſt preſque impoſſible qu'on ne reprime une colere, & qu'on n'arrête des mouvemens impetueux qui coûtent ſi cher. Il faut tirer le remede du ſein du mal, & étoufer la honte de l'outrage qu'on a reçu, par le deshonneur inévitablement attaché aux Duels, s'ils étoient toûjours ſuivis d'une peine honteuſe. C'eſt ainſi qu'on a vu les plus mutins, reprimer leur ardeur querelleuſe, lors qu'on les a condamnez à voir à genoux leur ennemi, tenant le bâton levé ſur leur tête, & devant le Juge qui les condamnoit.

F I N.

REGLE.

REGLEMENS
DE
PHILIPPE LE BEL
SUR
LES DUELS.

Comme nous avons cité plus d'une fois les Reglemens que Philippe le Bel fit sur les Duels, & qu'on les a tirez d'un Manuscript plus ample & plus correct que celui de Savaron, nous avons cru faire plaisir au Public de les rimprimer à la suite de cette Dissertation, parce qu'on y trouvera des éclaircissemens sur cette matiere, qui peuvent instruire le Public des Loix & des usages de ce temps-là.

Du Can-ge, Glos-satium. T. II. p. 195. verbo Duellum.

„ PHILIPPE par la grace de Dieu
„ Roi de France, A tous ceux, qui ces
„ presentes lettres verront, Salut. Sa-
„ voir faisons, que comme ença en ar-
„ riere pour le commun proufit de nos-
„ tre Royaume, nous eussions deffendu
I 4 gene

,, generalement à tous nos subjects toutes
,, manieres de guerre, & tous gaiges de
,, batailles, dont plusieurs malfaicteurs
,, se sont avancez par la force de leur
,, corps & faux engins, à faire homici-
,, des, trahisons & tous autres melefices,
,, griefs & excés, pource que quand il les
,, avoient faits couvertement & ex repost,
,, ils ne pouvoient estre convaincu par
,, telmoins, dont par ainsy le malefice se
,, tenoit: & pour ce que nous en avons
,, faict, est pour le commun proufit &
,, salut de nostredit Royaume, mais
,, pour oster aux mauvais dessusdits cau-
,, se de malfaire, Nous avons nostre def-
,, fense dessusdicte attemperée par ainsi,
,, que là où il apperra evidemment ho-
,, micide, ou trahison, ou autres griefs,
,, violences, ou malefices, secrettement
,, ou en rapos, excepté de larrecin, par-
,, quoy peine de mort se deust ensuivir,
,, si que celuy qui l'auroit fait n'en peust
,, estre convaincu par tesmoin ou autre
,, maniere soufisant. Nous voulons, que
,, en defaut d'autre point, celuy ou
,, ceux, qui par indices ou presamptions
,, semblables à verité pour avoir ce faict,
,, soient de tels faits soupçonnez, appel-
,, lez & citez à gaige de bataille & souf-
,, freront quand en ce cas les gaiges de
,, bataille avoir lieu: Et pource que à
,, celle justice tant seulement nous attem-
,, perons nostre deffense dessusdite és
,, lieux & és termes esquels les gaiges de
,, ba-

,, bataille n'avoient lieu devant nostredite
,, Ordonnance, & pour ce n'est mieu nos-
,, tre entention que ceste deffense soit ra-
,, pellée ne attemperée à nuls cas passez
,, devant ne apres la date nosdites presen-
,, tes lettres, desquelles condemnations
,, & absolutions ou en questes soient
,, faitz procez, affin que on les puisse
,, juger, absoudre ou condamner, ainsi
,, que le cas le requerra & evidemment
,, s'appartiendra. Et en tesmoing de ce
,, nous avons ces presentes faict sceller
,, de nostre grand seel. Donné à Paris le
,, Mercredy l'an mil *c c c* al. 1306.

§. 2. *Nota quatre choses, qui appartien-*
nent avant que les gaige de bataille puist
estre adjugé.

,, Et premierement nous voulons &
,, ordonnons, qui soit chose notoire cer-
,, taine & evidente, que le malefice soit
,, advenu, & ce signifie la clause, Où il
,, apperra evidemment homicide, trahi-
,, son, ou autre vray semblable malefi-
,, ce par evidente suspection.

,, La seconde est, que le cas soit tel
,, que mort naturelle en deust ensuivir,
,, excepte cas de larrecin, à quoy gaige
,, n'eschet point, & signifie la clause, De
,, quoy peine de mort deust ensuivir.

,, La tierce est, que nul ne peut estre
,, puny autrement que par voye de gaige,
,, & ce signifie la clause, de homicide

I 5   ou

„ ou trahifon repofte, fi que celui qui l'au-
„ roit faite ne le pourroit deffendre, que
„ par fon corps.

„ La quarte, que celuy que on veut ap-
„ peller foit diffame du faict par indices,
„ & ce fignifie la claufe, Prefumptions
„ femblables à verité. Encores voulons
„ & ordonnons felon le texte de nos Or-
„ donnances, jaçoit ça que en larrecin
„ n'y efchiet peine de mort toute fois en
„ larrecin ne efchiet peine de mort,
„ toutes voyes en larrecin ne chiet point
„ gaige de bataille ; fi comme il eft con-
„ tenu en la claufe, De larrecin, ex-
„ cepté, &c.

§. 3. *Comment le deffendeur fe vient pre-* *fenter devant le Juge fans leftre adjourné.* Hic §. deeft in MS.

„ Nota que en gage de bataille tout
„ homme, qui fe dit vray pour honne-
„ fte, fe doit rendre & prefenter fans
„ adjournement s'il le fçait, mais on luy
„ donne bien delay pour avoir fes amis
„ & s'il ne vient fans adjournement, ja
„ pource fon droict n'eft amendry, ne
„ fon honneur avanie.

§. 4. *Comment l'appellant propofe fon cas* *devant le Juge de l'appellant.*

„ Encores voulons & ordonnons, que
„ quand on propofe aucun cas de gaige
„ de

„ de bataille, de quoy mort fe deuft en-
„ fuivir, excepté larrecin comme dit
„ eft, il fouffit que l'appellant die que
„ l'appellé a faict faire le cas pour lui
„ ou pour autre, fuppofé que l'appel-
„ lant ne nomme pas qui.

„ Encores fe le cas eft fuppofé en ge-
„ neraux termes, comme de dire: Je
„ tel dis & vueil dire maintenir & fouf-
„ tenir que le tel a traitreufement tué
„ ou faict tuer le tel : Nous voulons &
„ ordonnons, que telle propofition foit
„ non fouffifante & indigne de reponce,
„ felon le ftil de noftre Cour de France,
„ mais lui convient declarer le lieu où le
„ malefice a été faict, le temps & le jour
„ de la perfonne du mort, ou de la tra-
„ hifon. Toutes voyes en telle condi-
„ tion pourroit eftre l'information du
„ malefice, qui ne feroit ja befoing di-
„ re l'heure ne le jour, qui pourroit
„ eftre trop occulte de fçavoir.

„ Encores voulons & ordonnons, que fi
„ le juge ordonne gage ou combat con-
„ tre les couftumes, contenues en nof-
„ dites lettres, tout ce qui fera faict
„ au contraire, pourra eftre rappellé.

„ Encores voulons & ordonnons que
„ le demandeur ou appellant doive dire
„ ou faire dire par un Advocat fon pro-
„ pos, devant nous ou fon Juge compe-
„ tant contre fa partie adverfe, & luy
„ prefent: & fe doivent garder de dire
„ chofe où il chée vilainie, qui ne fer-
„ ve

„ ve à ſa querele ſeulement. Et doit re-
„ querir le deſſendant que ſe l'appellant
„ ne preuve les choſes propoſées eſtre
„ vrayes, qui il ſoit condamné à avoir,
„ confiſqué cors & biens, & eſtre puny
„ de tel peine comme droit le veut: alors
„ ledit appellant doit & peut dire, qui
„ ne le pourroit prouver par témoings ne
„ aultrement, que par ſon corps contre le
„ ſien, ou par ſon advoué en champ ſclos
„ comme gentilhomme & prudhomme
„ doit faire en noſtre preſence; comme
„ leur Juge & Prince ſouverain: & alors
„ doibt jetter ſon gaige de bataille, lequel
„ gaige receu par le deſſendant doit puis
„ faire en ſa retenuë, & puis faire rete-
„ nuë de conſeil d'armes, de chevaux &
„ de toutes aultres choſes neceſſaires &
„ convenables à gaige de bataille, & que
„ en tel cas ſelon la nobleſſe & condi-
„ tion de luy appartient avecques tou-
„ tes les proteſtations, qui s'enſuivent,
„ Leſquelles proteſtations, appellations
„ & ordonnances feront enregiſtrées
„ pour juger, ſil y aura gaige ou non,
„ en diſant:
„ Et premier, dira, Très-excellent &
„ puiſſant Prince, & noſtre ſouverain
„ Seigneur, ou s'ils ne ſont de noſtre
„ Royaume, en lieu du Souverain Sei-
„ gneur, diront, Et noſtre Juge com-
„ petant, pour donner plus bref fin aux
„ choſes, que j'ay dites, je proteſte &
„ retiens, que par loyalle eſſoine de
mon

,, mon corps , je puiſſe avoir un Gentil-
,, homme pour celuy jour mon advoüé,
,, qui en ma preſence, ſi je puis, ou en
,, mon abſence, à l'aide de Dieu & de
,, noſtre Dame & Monſeigneur ſaint
,, Georges le bon Chevalier fera ſon loyal
,, devoir à mes couſts & deſpens, com-
,, me raiſon eſt, toutes les fois & quan-
,, tesfois qu'il vous plaira ordonner com-
,, me à tel cas appartient.

,, Encores voulons & ordonnons, que
,, le defendant, ſil veut, ſur les pe-
,, rilz, puiſſe dire au contraire, & re-
,, querir les injures par l'appellant dictes
,, à luy eſtre amendées, de telle amende
,, & peine, que devroit porter s'il avoit
,, fait les choſes deſſuſdites, & que ledit
,, appellant, ſauve l'honneur de noſtre
,, Majeſté, ou de ſon Juge competant,
,, a faulcement & mauvaiſement menti,
,, & comme faulx & mauvais, qu'il eſt
,, de ce dire, il s'en defendra, a l'aide
,, de Dieu, & de noſtre Dame, par ſon
,, corps ou de ſon advoué par loyale eſ-
,, ſoine de ſon corps, s'il eſt dict & jugé
,, que gaige de bataille y ſoit, au lieu
,, jour & place que par Nous comme leur
,, ſouverain ou autre Juge ſera ordonné.
,, Et alors doibt lever & prendre le gai-
,, ge de terre, & puis faire ſes proteſta-
,, tions deſuſdites. Et requerir ſon ad-
,, voüé en cas de loyalle exoine, & nous
,, demander retenuë de conſeil ſelon la
,, nobleſſe, & condition de luy, & le
,, ſur-

„ furplus ainfi que dict eft : lefquelles
„ appelations & deffenfes voulons & or-
„ donnons, que foint femblablement ef-
„ 'crites & regiftrées pour fçavoir, s'il
„ y aura gaige ou non. Et pour l'amen-
„ der l'un à l'autre felon que juftice re-
„ querra, dans une inclufe, s'obligera
„ de comparoir au jour, heure, & pla-
„ ce à eux affignés, tant à la journée de
„ fçavoir fe gaige y fera, comme à celle
„ de la bataille fe bataille y efchiet felon
„ l'information de leur procés, lequel
„ fera bien veu & fainement regardé par
„ nobles & preuhdommes, clercs, che-
„ valiers, & efcuyers, fans faveur de
„ nulli, lequel gaige ou non fera devant
„ les parties adjugé au jour & place par
„ nous ou par leurs Juges ordonné, fur
„ la peine d'eftre reputé pour recreant
„ & convaincu, celuy à qui la faute fera,
„ & outre ce voulons, que foient arref-
„ tez, jufques à ce qu'ils donnent bons
„ & fouffifant pleges de ne partir fans
„ noftre congié, & de fe prefenter aux
„ journées ordonnées par nous ou par
„ leur Juge competent.

Comment l'une des parties fe part fans con-
gé, & eft pris de par le Roy.

„ Auffy voulons & ordonnons, que
„ fe aucune des parties fe departoit de
„ noftre Cour, apres les gaiges jettez &
„ receuz, fans noftre congié, iceluy
„ par-

" partant voulons & ordonnons qui ſoit
" tenu & prononcé pour recreant & con-
" vaincu, & ſaite la juſtice que le cas
" requiert retenu noſtre volonté.

" Encores & pource qu'il eſt de cou-
" ſtume que l'appellant & deffendant en-
" trent en champ, portant avecques eux
" toutes les armeures deſquelles ils en-
" tendent offendre l'un l'autre, & eux
" deffendre, partant de leurs hoſtels à
" cheval, eux & leurs chevaux, houſſes
" de coutez & paremens de leurs armes,
" les viſieres baiſſées, les glaives ez poing,
" les eſpées & daghues ceintes, & en
" tous les eſtats & manieres qu'ils enten-
" dront eux combattre, ſoit à pié ou à
" cheval. Car s'ils faiſoient porter leurſ-
" dites armeures par aucuns autres, &
" portaſſent leurs viſieres levées ſans
" noſtre congé, ou de leur Juge, ce leur
" porteroit tel prejudice qu'ils ſeroient
" contrainćts de combatre en tel eſtat
" qu'ils ſeroient entrez en champ, ſelon
" la couſtume de preſent. Et parce que
" ceſte couſtume nous ſemble pour les
" combateurs aucunement eſtre en-
" nuyeuſe : par noſdites chapitres & or-
" donnances, de preſent attemperons &
" voulons, & ordonnons, que leſdits
" combateurs puiſſent partir aux heures
" par nous ordonnées montez & armez
" comme dit eſt de leurs maiſons, les
" viſieres levées, faiſant porter devant
" eux leurs glaives, haſches, eſpées,
„ s'ilz

" s'ilz veulent, & toutes autres armes
" raisonnables pour offendre & deffendre
" en tel cas. Et tant plus pour avoir
" cognoissance de vrais Chrestiens, par-
" tans de leurs hostels de pas en pas, de
" leurs mains droites se signeront, ou
" porteront le Crucifix ou bannerettes
" petites où seront pourtraits nostre Sei-
" gneur & nostre Dame, les Anges,
" Saincts ou Sainctes, où ils auront leurs
" desveu & devotions, desquelles croix
" ou banerettes ainsi que dict est, jusques
" à ce qu'ils descendront dedans leurs
" pavillons se signeront.

Cy s'ensuit la premiere des trois criez, &
les cinq deffenses que le Roy d'armes doit
faire à tous gaiges de bataille.

" Tout le premier ledit Roy d'armes
" ou Heraut de la Marche doit monter
" à cheval sur les deux portes des lisses,
" & là doit une fois crier l'appellant.
" Secondement une autre fois quand l'ap-
" pellant sera entré, & que aurons com-
" mandé de appeller le deffendant. Et
" la troisiéme, quand ils seront tous deux
" entrez, & auront devant nous faites
" leurs presentations, & fait tous leurs
" sermens par la forme qui s'ensuit, &
" retournez en leurs pavillons.

La

La premiere des cinq deffenses.

" Or ouez, or ouez, or ouez, Sei-
" gneurs Chevaliers, & Escuyers, &
" toutes manieres de gens, que noftre
" Seigneur par la grace de Dieu Roy de
" France, vous commande & deffend, ou
" de par leur Juge, fus peine de perdre
" corps & biens, que nul ne foit armé,
" ne porte efpée, ne dague, ne autre har-
" nois quel qu'il foit, fi ce ne font les
" gardes du champ, & ceux de par le
" Roy noftre Sire, ou le Juge, en au-
" ront congé.

" Encores ce le Roy noftre Sire vous
" commande & deffend, ou le Juge, que
" nul de quelque condition qu'il foit,
" durant la bataille, ne foit à cheval, &
" ce fur peine aux Gentilshommes de per-
" dre le cheval, & aux ferviteurs de
" perdre l'oreille, & ceux qui convoye-
" ront les combatus defcendus qu'ils
" foient de leurs chevaux à la porte du
" champ, feront tenus incontinent les ren-
" voyer, à la peine que dit eft.

" Encores le Roy noftre Sire, ou le
" Juge, vous deffend que nulle perfon-
" ne de quelque condition qu'il foit, ne
" doit entrer au champ ne entre les deux
" liffes, finon ceux qui pour ce y feront
" ordonnez fur la peine de perdre corps
" & biens.

" Encores le Roy noftre Sire, ou le
" Juge

K

" Juge vous commande,& deffend à tou-
" te perſonne de quelque condition qu'il
" ſoit, qu'il s'aſſie ſur banc, ou à terre,
" afin que chacun puiſſe veoir les par-
" ties plus à ſon gré combatre, & ce ſur
" la peine du poing ou du pied.

" Encores le Roy noſtre Sire vous com-
" mande & deffend que nul ne parle, ne
" ſigne, ne touſſe, ne crache, ne crie,
" ne face aucun ſemblant, & ce ſur pei-
" ne du corps & des biens.

Autre Ordonnance du Roy , comment les deux
combatans doivent entrer en liſſes.

" Encores & jaçoit que par les an-
" ciennes couſtumes de noſtre Royaume,
" l'appellant doit eſtre au champ avant
" l'heure à dix heures, & le deffendant
" devant l'heure de mydi, & quiconques
" deffaut de l'heure, il eſt tenu & jugé
" pour convaincu, ſe noſtre mercy ou
" du Juge s'y entend, leſquelles couſtu-
" mes nous voulons & approuvons, que
" d'oreſnavant ſe contiennent & vaillent.
" Neantmoins pour aucunes bonnes rai-
" ſons à ce nous eſmouvoir, leſdites or-
" donnances attemperons, & conſen-
" tons, que nous ou leur Juge puiſſe ad-
" vancer ou tarder de jours & de heu-
" res, ſelon les diſpoſitions du temps,
" ainſi que à nous & à tous Juges plaira,
" & les prendre en nos mains pour les
" accorder, & ordonner à l'honneur &
" bien

,, bien de tous deux qui pourra, & ou
,, pour donner autre jour & heure, tant
,, avant la bataille commancée comme
,, en combatant pour parfaire leur ba-
,, taille, se le jour ne souffisoit, & en
,, les remettant aux mesmes & sembla-
,, bles poincts, & party comme les avions
,, prins : sans ce que nul ne s'en puisse
,, jamais excuser, complaindre, defen-
,, dre ne protester contre nos Ordon-
,, nances, comme nous leurs Juges com-
,, petens.

§. 8. *Ensuivent les requestes & protestations
que les deux parties doivent faire à
l'entrée du champ.*

,, A la porte des lisses au Conetable
,, se le Roy luy a commis ou aux Ma-
,, reschaux où Mareschal du champ, qui
,, là se trouveront, ausquels l'appellant
,, dira ou fera dire par son Advocat,
,, qui est pour plusieurs causes le meil-
,, leur, & puis celles qu'il dira, ou fe-
,, ra dire semblablement au Juge, quand
,, il sera tout à cheval entré dedans, au
,, Mareschal avant que d'entrer dedans,
,, & premier celle de l'entrée du champ.
,, Nostre tres-honoré Monseigneur le
,, Mareschal je suis tel, ou l'Advocat,
,, voyez cy te comme appellant que par-
,, devant le Roy nostre Sire & souverain
,, Seigneur & Juge competent, se vient
,, presenter armé & monté comme gen-

til-

,, til-homme doit entrer en champ pour
,, combatre contre tel, fur telle querelle
,, comme faulx & mauvais traiſtre ou
,, meurtrier, ſe le cas eſt de meurtre
,, comme il eſt. Et de ce il prent noſtre
,, Seigneur, noſtre Dame, & Monſieur
,, Sainct George le bon Chevalier à teſ-
,, moin à ceſte journée, qui aujour-
,, d'huy luy eſt aſſignée, & pour ce ac-
,, complir eſt venu & ſe preſente pour
,, faire ſon vray devoir, & vous requiert,
,, que luy livres & deſpartes ſa portion
,, du champ, du vent du Soleil, & de tout
,, ce qui eſt neceſſaire, profitable & conve-
,, nable à tel cas: Et ce faict, il fera ſon
,, vray devoir à l'aide de Dieu, de no-
,, ſtre Dame, & de Monſeigneur Sainct
,, George le bon Chevalier, comme dict
,, eſt. Et proteſte qu'il puiſſe combattre
,, à cheval ou à pied, ainſi que mieulx
,, luy ſemblera. Et de ſoy armer ou de
,, ſes armes ou deſarmé & porter cel-
,, les qu'il voudra tant pour offendre com-
,, me defendre à ſon plaiſir avant com-
,, battre, ou en combatant ſe Dieu luy
,, donne loiſir de ce faire.

,, Encores que ſi ſon ennemy tel ou
,, adverſe, portoit aultres armes au
,, champ, qui ne devoit porter par la
,, conſtitution de France, que icelles luy
,, ſoient oſtées, & que en lieu d'icelles
,, nulles autres n'ayt ny puiſſe avoir.

,, Encores que ſi ſon ennemy avoit ar-
,, mes forgées par mauvais art & brefz,
　　　　　　　　　　　　　　,, cha-

„ charois , fors, ou invocations d'en-
„ nemys, parquoy il en fuſt cogneu mani-
„ feſtement, que ſon bon droict luy fuſt
„ empeſché, avant la bataille, comba-
„ tant ou apres que ſon droit, bon droict
„ & honneur n'en puiſt eſtre amendry,
„ ains ſoit le faulx & mauvais puny com-
„ me ennemy de Dieu, traitre & meur-
„ trier ſelon la condition du cas, & doibt
„ requerir que ſur ce il doye ſpeciale-
„ ment jurer.

„ Encores doit requerir & proteſter,
„ que ſi le plaiſir de Dieu ne fuſt que au
„ Soleil couchant il deſconfi, & outre
„ ſon ennemy, laquelle choſe il entend
„ à faire ſi à Dieu plaiſt, neanmoins peult
„ requerir qui luy ſoit donné du jour
„ autant comme il en ſeroit paſſé ſelon
„ les droicts & anciennes couſtumes, ou
„ aultrement peu proteſter s'il n'a l'eſ-
„ pace d'un jour tout au long, lequel
„ nous luy devons conſentir & octro-
„ yer.

„ Encores que en cas, que le tel ſon
„ adverſaire ne ſeroit venu dedans l'heure
„ deuë, & par le Roy noſtre Sire aſſi-
„ gnée qui ne ſoit plus receu, mais ſoit
„ tenu pour reprouvé & convaincu, la-
„ quelle requeſte eſt & ſera la en noſtre
„ liberté. Neaumoings que s'il tardoit
„ ſans noſtre volonté qu'il ſoit comme
„ dict eſt.

„ Encores doit demander & expreſſe-
„ ment proteſter, qu'il puiſſe porter

K 3 „ avec-

,, avecques luy pain, vin, & autres vian-
,, des, pour manger & boire l'efpace
,, d'un jour, fe befoin luy en eftoit, &
,, toutes autres chofes à luy convena-
,, bles & neceffaires en tel cas, tant pour
,, luy comme pour fon cheval, defquelles
,, proteftations & requeftes tant en ge-
,, neral comme en fpecial il doit deman-
,, der inftrument, lefquelles requeftes &
,, proteftations, voulons & ordonnons
,, que l'apellé ou defendant puiffe fem-
,, blablement faire, & par la forme que
,, dict eft, lefquelles requeftes ou prote-
,, ftations s'ils ne leur font en fpecial de-
,, fendues, voulons & ordonnons qu'ils
,, puiffent combatre à cheval, & à pié
,, armez chafcun à fa volonté de tous ba-
,, ftons & arnois, de mauvais engin,
,, charmes, charrois, & invocations d'en-
,, nemys, & toutes autres femblables
,, chofes defendues, felon Dieu & Sain-
,, cte Eglife à tous bons Chreftiens.

De quelle longeur & largeur les liffes doivent eftre.

,, Encore nous voulons & ordonnons
,, que toutes lices de gaige de bataille
,, ayent cent & vint pas, c'eft affavoir
,, xl. pas de large & quatre-vingt de
,, long : lefquelles tous les Juges feront
,, tenus de faire, & les retenir pour les
,, autres s'il en venoit.

Com-

Comment les pavillons des combatans doivent estre mis.

„ Encore voulons & ordonnons, que
„ le siege & le pavillon de l'appellant,
„ quiconques il soit, sera à nostre main
„ dextre ou de son Juge, & celuy du
„ defendant sera à la senestre.

Comment les deux combatans doivent entrer au champ.

„ Encores voulons & ordonnons, que
„ quand chascun d'eux auront ou par
„ leur Advocat faict dire les choses des-
„ sus dictes, ains qu'ils entrent au champ,
„ doivent baisser leurs visieres. Et entrer
„ les visieres baissées faisant le signe de
„ la Croix, tout ainsi que dict est. Et
„ en celuy estat doivent venir devant
„ nous ou leur Juge, portant les armes
„ sur eux desquelles ils entendent def-
„ fendre & offendre avant que d'entrer
„ dedans, & nous dire & faire dire ce
„ qui ensuit: Tres-excellent & tres-puis-
„ sant Prince, & nostre Souverain Sei-
„ gneur, ou voyez cy tel, qui en vostre
„ presence, comme à nostre droicturier
„ Seigneur & Juge competent, & si le Ju-
„ ge est autre que le Roy, dira ou fera
„ dire: Mon tres-redoubté Signeur, je
„ suis tel qui en vostre presence comme
„ à nostre Juge competant, suis venu
K 4   „ au

,, au jour & heure par vous à moy affi-
,, gnée pour faire mon devoir contre le
,, tel , à cause de meurtre ou trahison
,, qu'il a faicte, & de ce j'en prens Dieu
,, de mon costé, qui me fera aujour-
,, d'huy en aide : & quand il aura ce dict,
,, ou par bouche d'Advocat fait dire ,
,, alors nous luy donnerons congé de en-
,, trer & aller en son pavillon descendre,
,, lesquelles choses accomplies , nous or-
,, donnons, que nostre Roy d'Armes de
,, la marche ou Heraut montera sur les
,, deux portes de la lisse de costé du def-
,, fendant, & fera son second cry, &
,, deffense par la propre forme & manie-
,, re que dict est.

Cy apres s'ensuivent les trois sermens , que
font tenus de faire les Combatans , ceux
qui veulent combattre en gaige de ba-
taille.

,, Et premier ordonnons, que l'appel-
,, lant sa visiere haussée tout à pié, par-
,, tant de son pavillon armé de tot armes,
,, dont il entend offendre & deffendre,
,, accompagné de ses Conseillers & Gar-
,, des du champ seulement, alors se met-
,, tra à genoux devant nous, & la fera
,, la figure de nostre vray Sauveur Jesus
,, Christ en Croix. Lors fera le Mare-
,, schal ou un de nos Conseillers, ou ce-
,, luy, que le Juge commettra, qui luy
,, dira

" dira par la maniere qui enſuit : Sire
" Chevalier ou Eſcuyer, qui eſt cy ap-
" pellant, voyez vous icy la tres vraye
" remembrance de noſtre Sauveur vray
" Dieu Jeſus-Chriſt, qui voulut mourir
" & livrer ſon tres precieux corps à mort
" pour nous ſauver. Or luy requieres
" mercy & luy priez, que à ce jour vous
" vueilles aider, ſe bon droit avez; car
" il eſt ſouverain Juge : ſouvienne vous
" des ſermens que vous ferés, ou autre-
" ment voſtre ame, voſtre honneur, &
" vous eſtes en peril. Alors le Mareſ-
" chal ou Conſeiller, finies ces paroles,
" prent l'appellant par ſes deux mains
" oſtées des gantelets, & luy dit, que il
" die les paroles apres luy que il dira, &
" les met ſur la Croix. Je tel appellant,
" jure ſur ceſte remembrance de la Paſ-
" ſion de noſtre Sauveur Dieu Jeſus-
" Chriſt, & ſur la foy de vray Chreſtien,
" & du S. Baptême, que je tiens de Dieu,
" que j'ay & cuide fermement avoir pour
" certain, bonne, juſte & ſainte querel-
" le, & bon droit d'avoir en ce gaige
" appellé le tel, comme faulx & mau-
" vais traiſtre, ou meurtrier, ou foy
" mentie ſelon le cas, que c'eſt & lequel
" a tres fauſſe & mauvaiſe cauſe, & de
" ſoy en defendre, & combattre contre
" moy, & ce luy monſtreray-je au jour-
" d'huy par mon corps contre le ſien, à
" l'aide de Dieu & de noſtre Dame, &

K 5   " de

„ de Monseigneur saint George le bon
„ Chevalier. Lequel serment fait, ledit
„ appellant se leve & s'en retourne en
„ son pavillon avecques ceux qui l'ont
„ amené, & lors par semblable façon est
„ fait du deffendant.

Comment le deffendant fait son premier semblable serment devant le Juge.

„ Lequel Serment fait, apres ce que
„ l'appellant est en son pavillon, les Gar-
„ des du camp vont au pavillon du def-
„ fendant, lequel ils menent pour faire
„ le semblable serment, armé de toutes
„ ses armes, & le surplus comme dit est,
„ & quand le Mareschal ou Conseiller
„ l'a bien amoneté, comme dit est, le
„ Mareschal ou Conseiller apres tout ce,
„ prend ses mains ostées des gantelets,
„ & les met ainsi qu'il a fait à celles de
„ l'appellant, & puis luy dit; Vous tel,
„ ou Seigneur de tel lieu, dites comme
„ moy: Lors il dit: Je tel, deffendant,
„ jure sur cette remembrance de la Pas-
„ sion de nostre Seigneur Dieu Jesus-
„ Christ, & sur la foi de vray Chrestien,
„ & du Saint Baptesme, que je tiens de
„ Dieu, que j'ay & cuide fermement
„ avoir pour certain, bonne, sainte, &
„ juste querelle, & bon droict de moy
„ deffendre par ce gaige de bataille, con-
„ tre le tel, qui faussement & mauvai-
„ se-

" sement m'a accusé comme faux , &
" mauvais qu'il est de moy en jour appel-
" lé , & ce luy montreray-je aujourd'huy
" de mon corps contre le sien , à l'aide
" de Dieu & de nostre Dame , & de Mon-
" seigneur saint George le bon Cheva-
" lier. Lequel serment fait , ledit deffen-
" dant se leve & s'en retourne en son pa-
" villon , ainsi que l'appellant a fait.

Comment les deux parties font le deuxième serment devant le Roy ensemble eux tenans par les mains.

" Après ce que chacun d'eux auront
" fait leurs sermens ainsi que dit est au
" Chef de piece , nous ou leur autre Ju-
" ge ferons partir les Gardes autant de
" un lez que de l'autre , & irons querir
" les Combatans accompagnez de leurs
" Conseillers , ainsi que dit est , lesquels
" viendront pas à pas de suite , & quand
" seront à genoux devant la Croix , le
" Conseiller leur fera oster des mains
" leurs gantelets , & prendra leurs mains
" droites & les mettra sur les deux lées
" du Crucifix , & des senestres se touche-
" ront l'un l'autre ; alors derechef nostre
" Mareschal dira les paroles , qui ensui-
" vent : Vous tel appellant & vous tel
" deffendant , voyez ici la vraye remem-
" brance de la tres-sainte Passion de nos-
" tre Seigneur Dieu Jesus-Christ , la per-
" di-

" dition de celuy qui aura tort en ame
" & en corps, aux grands fermens que
" avez faits & ferez, & feront la fenten-
" ce de Dieu, qui eſt pour aider à bon
" droit; les confortant d'eux mettre plu-
" toſt à la mercy du Prince que en l'ire
" de Dieu & pouvoir de l'ennemy. Le-
" quel ferment nous ordonnons que ce
" ſoit le dernier des trois pour la mor-
" telle haine, qui eſt entre eux. Alors
" eſtans leurs deux mains droites ſur le
" Crucifix, & eux tenans des autres à ſe-
" neſtre, adonques le Mareſchal ou Con-
" ſeiller leur demandera, & premier à
" l'appellant, & puis au deffendant. Vous
" tel, comme appellant, & vous tel com-
" me deffendant, voulez-vous jurer; &
" ſe aucun d'eux ſe repent de ſon tort,
" & fait conſcience comme bon Chreſ-
" tien, alors nous & ſe le cas le requiert
" devant, nous le retenons à noſtre mer-
" cy, ou de ſon Juge, & ſe le cas le re-
" quiert, devant qu'il ait combattu, pour
" luy donner penitence, ou ordonner à
" noſtre plaiſir. Dont ſe ainſi eſt, nous
" ordonnons qu'ils ſoient ramenez en
" leurs pavillons, & de la ne partent juſ-
" ques à noſtre commandement, ou du
" Juge devant qu'ils ſoient venus, ſe tous
" deux veulent jurer, alors le Mareſchal
" ou Conſeiller dira à l'appellant qu'il
" die comme luy. Je tel appellant jure
" ſur ceſte vraye figure de la Paſſion de
" noſtre Seigneur Dieu Jeſus-Chriſt, ſur
                 " la

" la foy de Baptefme comme vray Chref-
" tien, que je tiens fur mon vray Dieu,
" fur les tres fouveraines joyes de Para-
" dis, lefquelles je renonce pour les tres
" angoiffeufes peines d'enfer, fur mon
" ame, fur ma vie, & fur mon honneur,
" que j'ay & cuide avoir bonne, jufte,
" & faincte querelle de combatre ce faulx
" & mauvais traiftre meurtrier, parjure
" & foymencie, felon le gage tel que je
" voy parcy devant moy & tiens par la
" main, & de ce j'en appelle Dieu à mon
" vray Juge, noftre Dame, & Monfei-
" gneur faint George le bon Chevalier.
" Et pour ce loyaument faire par les fer-
" mens que j'ay faits, je n'ay ne entens
" porter fur moy ne fur mon cheval,
" paroles, pierres, herbes, charmes, cha-
" rois, conjurations, ne compactions,
" invocations d'ennemis, ne nulle autre
" chofe, où je aye efperance qu'il me
" puiffe ayder, ne à luy nuire, ne n'ay
" recors, que en mon bon droict par
" mon corps, par mon cheval (& par
" mes armes) & fur ce je baife cette
" vraye Croix, & me taiz. Apres lef-
" quels fermens faits ledit Marefchal ou
" Confeiller fe traict vers le deffendant,
" & pour abreger l'un & l'autre difent
" tout ainfi que dit eft, & puis baifent
" le Crucifix.
" Et quand tous deux font ledit fer-
" ment, le Marefchal ou Confeiller les
" fait prendre par les deux mains droi-
" tes,

" tes, & les fait entretenir ; Alors il dit
" à l'appellant qui die apres luy en par-
" lant à son ennemy ; Ou tu tel, que je
" tiens par la main droicte, par les ser-
" mens que j'ay faits, la cause, pourquoi
" je t'ay appellé, est vraye, par laquel-
" le j'ay bonne raison & loyale de toy en
" avoir appellé, & à ce jour t'en com-
" batray, & tu as mauvaise cause & nul-
" le raison de t'en combattre & defen-
" dre contre moy, & tu le sçais bien,
" dont j'en appelle Dieu, nostre Dame,
" & Monseigneur S. George le bon Che-
" valier à tesmoing comme faux traistre,
" meurtrier, ou foy mentie que tu es,
" selon le cas.

Response au serment & paroles de l'appellant.

" Apres ce, le Mareschal ou Conseil-
" ler dit au defendant qui die comme
" luy en parlant à l'appellant: Toy que
" je tiens par la troite main, par les ser-
" mens que j'ay faits, la cause, pour-
" quoy tu m'as appellé est faulse & mau-
" vaise, parquoy j'ay bonne & loyalle
" cause de m'en deffendre, & me com-
" battre contre toy à ce jour, & de ce
" tu as mauvaise cause & faulse querel-
" le de m'en avoir appellé & combattre
" contre moy, & tu le sçais bien, dont
" & de ce j'en appelle Dieu, nostre Da-
" me, & Monseigneur saint Georges le
" bon Chevalier à tesmoins, comme faulx
" &

„ & mauvais que tu es ; Et apres les fer-
„ mens tous faits & les paroles dites , ils
„ doivent rebaiſer le Crucifix , & puis
„ chaſcun enſemble lever & retourner
„ en leurs pavillons pour faire leurs de-
„ voirs ; & lors ſera oſtée la Croix des
„ liſſes , & le ſigne ſurquoy elle eſt , leſ-
„ quelles choſes faites ledit Roy d'Ar-
„ mes ou Heraut remontera ſur les coings
„ des liſſes , & fera ſon quatrieſme &
„ dernier cry.

Le dernier des trois cris.

„ Apres ce que le Roi d'Armes ou
„ Heraut aura crié & que chaſcun ſera
„ aſſis & ordonné ſans dire mot , & que
„ les parties ſeront toutes en point de
„ faire leurs devoirs. Alors par le com-
„ mandement du Mareſchal viendra le-
„ dit Roy d'Armes ou Herault au milieu
„ de lices , entre les deux 2. Combatans,
„ par trois fois crier , faites vos devoirs:
„ & apres ces paroles incontinent aux
„ deux lez de la liſſe à l'endroit de leurs
„ pavillons , leur ſeront miſes leurs bou-
„ teillettes & leur pain & tonaillettes,
„ & alors les Combatans incontinent
„ ſailliront ſur leurs eſcabeaux pour
„ monter qui voudra ſur leurs deſtriers,
„ qui ſeront la tous pretz , & devant eux
„ & leurs Conſeilliers tous en tour. Alors
„ ſubitement leurs pavillons ſeront par
„ ſus les lices gettez dehors eſperant no-
noſtre

„ ftre Ordonnance de la bataille par le
„ cry du Marefchal.

Comment les deux parties font hors des pa-
villons pour faire leurs devoirs à la voix
du Marefchal, quand il jettera le gant.

„ Alors quand tout fera en point, la-
„ quelle chofe leur fera demandée, le
„ Marefchal pour noftre Ordonnance ira
„ vers le milieu du camp, qui portera
„ le gand en fa main, lequel par 3. fois
„ dira à haute voix, llaiffez les aller, &
„ la derniere parole dite, il jettera le
„ gand au milieu des lices, alors part à
„ pied ou monte à cheval qui voudra ;
„ car en gages de querelle, fe il n'eft
„ emprins, face chafcun le mieux qu'il
„ pourra, & au parme que les Comba-
„ teurs feront, les Confeilleurs d'hon-
„ neur failliront hors de la prochaine
„ lifte voir comment la chofe fe paffera,
„ fe par noftre Ordonnance n'eft que
„ pour aucunes bonnes raifons ordon-
„ nons que les deux parties un ou deux
„ y fuffent pour mieux ouïr, voir, &
„ requerir le droict de fon parti fe be-
„ foin eftoit.

Commment ils combattent & l'un eft vaincu &
traifné hors des liffes, & par quantes manieres,
gages de bataille fe doit outrer.

„ Encores voulons & ordonons que
gage

" gage de bataille ne foit point dit outré,
" fors que par l'une de ces deux façons,
" c'eſt à ſçavoir, quand l'une des par-
" ties confeſſe ſa coulpe, & eſt rendu : &
" la ſeconde eſt, quand l'un met l'autre
" hors des lices vif ou mort, dont mort
" ou vif quel qu'il foit, le corps ou
" membre ſera du Juge livré au Maref-
" chal pour en faire juſtice, ou luy
" pardonner, à noſtre bon plaiſir ; &
" quand il ſera mort ou aura dit le mot,
" le vainqueur ſe doit preſenter à genoux
" à nous & nous demander, ſe il a bien
" fait ſon devoir, & alors nous le quit-
" tons ; & à ces paroles il ſe leve, &
" en ſa partie s'en va monter à cheval
" accompagné de tous ſes amis.

Comment le vaincu ſera deſarmé par le He-
rault, & ſon harnois jetté par le champ.

" Encores voulons & ordonnons que
" ſe le vaincu eſt vif, qu'il ſoit en eſtant
" levé, & luy ſoient les eſguillettes coup-
" pées, & tout ſon harnois çà & là par
" champ jetté, & puis à terre couché,
" & ſe il eſt mort, ſoit ainſi deſarmé, &
" là laiſſé juſques à noſtre ordonnance,
" qui ſera de pardonner ou faire juſtice
" tout ainſi que bon nous ſemblera ; mais
" ſes pleges ſeront arreſtez juſques à ſa-
" tisfaction de partie ; c'eſt à ſçavoir
" ſur la deſſence, & le ſurplus de ſes
" biens à noſtre Court confiſquez.

L

Com-

Comment le vainqueur se part des lices ho-
norablement, & le corps du vaincu demeure
là jusques à la volonté du Juge en la gar-
de des Sergeans de la Justice.

 " Encores voulons & ordonnons, que
" le vainqueur honorablement s'en par-
" te à cheval par la forme qu'il est venu,
" s'il n'a exoine de son corps portant le
" baton de quoy il aura desconfict son
" ennemy en sa droite main, & luy se-
" ront les pleges & ostagers délivrez, &
" que de cette querelle pour quelque in-
" formation du contraire il ne soit tenu
" de respondre. Ne nul Juge l'en puisse
" plus contraindre s'il ne veut. *Quia*
" *transivit per rem judicatam, & judica-*
" *tum inviolabile observat.*

 " Encores voulons & ordonnons, que
" le cheval, comme dit est, & les armes
" du vaincu, & toutes autres choses qui
" sur luy seroient venues, soient de droit
" au Mareschal du champ, qui pour ce
" jour en auroit la charge.

Icy finent les Ceremonies, Ordonnances, &
Statuts de France qui s'appartient à tous
gages de bataille fait par querelle.

 " Or faisons à Dieu priere qui garde
" le bon droict à qui l'a, & que chacun
" bon Chrestien defende ne encheoir en
" tel peril. Car entre tous les perils qui
　　　　　　　　　　　　　　　font,

,, font, c'est celuy que on doit plus crain-
,, dre & douter, dont maint noble
,, ayant bon droit se sont trouvez trom-
,, pez, ou pour avoir trop confiance en
,, engins, forces & outrecuidées: &
,, aucune fois pour la honte du monde,
,, donnent ou refusent paix ou conve-
,, nables partis, dont maintes fois ont
,, puis porté des vieux pechez nouvelles
,, penitences, en nonchalant le juge-
,, ment de Dieu. Mais qui se plaint &
,, justice ne trouve, la doit bien Dieu
,, requerir, & se l'interest, sans orgueil
,, ne mal-talant pour son bon droict, re-
,, quiert bataille, ne doit douter engin
,, ne force ayant espoir au vray & tout-
,, puissant Juge qu'il sera pour luy.

TABLE

TABLE
DES
MATIERES.

A.

Char.

TABLE

D.

DES MATIERES.

elles

TABLE

Gri-

DES MATIERES.

TABLE

DES MATIERES.

O.

P.

R.

S.

FIN DE LA TABLE.

www.ingramcontent.com/pod-product-compliance
Lightning Source LLC
Chambersburg PA
CBHW072234270326
41930CB00010B/2129